KB164776

알기 쉬운
내부회계관리제도

알기쉬운

내부회계
관리제도

김준영 지음

들어가며

2018년 11월 1일부터 주식회사 등의 외부감사에 관한 법률(이하 '외감법') 개정안이 시행되었다. 개정된 외감법에 의하면 상장회사에 대한 내부회계관리제도에 대한 인증수준을 '검토'에서 '감사'로 강화하며, 기업 규모별 시행시기를 2019년~2024년으로 규정하고 있다.

주권상장법인 자산총액	(별도 기준) 내부회계 감사 대상 연도	(연결 기준) 내부회계 감사 대상 연도
2조 이상	2019년	2022년
5천억~2조	2020년	2023년
1천억~5천억	2022년	2024년
전체 주권상장법인	2023년	2024년

미국 경제전문지 포춘에 1996년부터 2001년까지 6년 연속 "미국에서 가장 혁신적인 기업"으로 선정된 엔론사는 2000년대 초반 분식회계임이 밝혀지면서 파산하게 되었다. 이후 미국에서 사베인스옥슬리법Act-SOX이 제정되었고, 이를 우리나라에서 '내부회계관리제도'란 이름으로 도입하였으며, 외부감사인에게 '검토' 의견을 받도록 하였다.

최근 우리나라의 S, D사 등의 분식회계 사건으로 인해 국내 회계 투명성 및 신뢰성이 크게 하락하면서, 내부회계관리제도 개정에 대한 목소리가 높아졌고, 그 결과 개정된 외감법에 의해 내부회계관리제도 인증 수준을 '검토'에서 '감사'로 강화한 것이다.

2019년 시행인 자산총액 2조 원 이상 대형 상장법인은 '감사'수준의 내부회계관리제도를 구축하였으며, 본서의 저자는 내부회계관리제도 구축 경험을 토대로 실무에서 적용 가능한 기법, 예시, 노하우 등을 서술하고자 한다.

또한, 본서와 관련하여 문의사항이 있는 독자들은 주저하지 말고 blue-622@daum.net으로 연락하길 바라며, 문의사항에 대해 성심성의껏 답변할 것을 약속한다.

본서가 우리나라 회계 신뢰성을 제고하며 투명한 경제기반 형성에 조그마한 도움이 되길 기대해보며, 이 자리를 빌려 옆에서 항상 응원해주는 사랑스런 아내 정진에게 감사의 말씀을 드린다.

저자 공인회계사 김준영

내부회계관리제도
검토 vs 감사

신新 외감법에 의해, 상장사들은 내부회계관리제도 인증수준이 '검토'에서 '감사'로 강화되었지만, 실질적으로 '검토'와 '감사'의 차이점을 아는 사람은 극히 드물다.

내부회계관리제도에 대한 검토·감사 비교

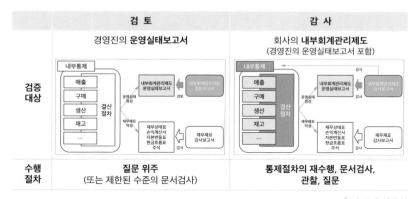

출처: 금융감독원

내부회계관리제도 '검토' 및 '감사'의 모든 차이는 검토(감사) 대상에서

비롯된다. '검토'의 경우 외부의 독립적인 감사인은 '경영진의 운영실태보고서'의 검토를 수행하지만, '감사'의 경우 회사의 '내부회계관리제도(경영진의 운영실태보고서 포함)'를 감사하게 된다. 이러한 검토(감사)대상의 차이는 아래와 같은 특징을 보일 것이다.

내부회계관리제도 검토

1. 외부감사인은 '경영진의 운영실태보고서' 검토를 수행

2. 인증수준이 검토이기 때문에, '소극적 확신' 필요

3. 외부감사인의 의견 문구 : '소극적 확신'에 기초한 의견 표명
   (예시 : '경영진의 운영실태보고서'의 내용이 중요성의 관점에서 내부회계관리제도 모범규준의 규정에 따라 작성되지 않았다고 판단하게 하는 점이 발견되지 아니하였습니다.)

4. 외부감사인의 의견 종류 : 적정 or 비적정

5. '소극적 확신'을 얻기 위해 외부감사인은 회사의 내부통제에 대하여 담당자와의 질문 위주로 '간접 검증절차'를 수행

6. 외부감사인은 '경영진의 운영실태보고서'를 검토하는 것이기 때문에, 내부회계관리제도 서면 진술서를 수령하지 아니함

내부회계관리제도 감사

1. 외부감사인은 '회사의 내부회계관리제도(경영진의 운영실태보고서 포함)' 감사를 수행

2. 인증수준이 감사이기 때문에 '적극적 확신' 필요

3. 외부감사인의 의견 문구 : '적극적 확신'에 기초한 의견 표명
   (예시 : 우리의 의견으로는 '회사의 내부회계관리제도'는 20XX년 12월 31일 현재 내부회계관리제도 설계 및 운영 개념체계에 따라 중요성의 관점에서 효과적으로 설계 및 운영되고 있습니다.)

4. 외부감사인의 의견 종류 : 적정 or 부적정 or 의견 거절

5. '적극적 확신'을 얻기 위해 외부감사인은 회사의 내부통제와 관련하여 회사가 작성한 문서를 검사하고 중요한 통제활동에 대하여 독립적으로 재수행하거나 회사의 통제활동을 현장에서 관찰하는 등 내부회계관리제도가 효과적으로 설계 및 운영되는지를 외부감사인이 '직접 검증절차'를 수행

6. 외부감사인은 '회사의 내부회계관리제도'를 감사하는 것이기 때문에, 내부회계관리제도 서면 진술서를 수령함

상기에 기술한 내용을 요약하자면, 내부회계관리제도 '검토'와 '감사'의 차이점은 외부인이 독립적인 관점에서 내부회계관리제도가 효과적으로 설계되어 있고, 운영되고 있는지 '직접 재수행'한다는 것이다.

따라서 후술하겠지만, 내부회계관리제도는 회사마다 다른 창의적이고 독창적인 모형을 개발하는 것이 아니라 COSO 보고서의 프레임워크Framework를 준거기준으로 채택하였다.

즉, 회사의 내부회계관리제도는 COSO 프레임워크에서 요구하는 사항에 맞춰서 설계 및 운영이 필요할 것이고, 본서는 이에 대한 내용을 기술한 책이라고 이해하면 될 듯하다.

대표이사, 내부회계관리자 등의 보고체계

외감법 제8조 및 동법 시행령 제9조는 내부회계관리제도와 관련하여 보고체계 및 책임을 기술하고 있으며 아래와 같이 요약할 수 있을 것이다.

대표이사, 내부회계관리자 등의 보고체계

1. 회사의 대표이사는 내부회계관리제도의 관리 및 운영책임을 지며, 전문지식을 보유한 상근이사 1명을 내부회계관리자로 지정하여야 한다.

▶ 상기 규정으로 인해 내부회계관리제도 규정 및 내부회계관리자 1명이 필요한 것임을 알 수 있다.

2. 회사의 대표이사는 매 사업연도마다 주주총회, 이사회 및 감사(위원회)에 내부회계관리제도 운영실태를 보고해야 한다.

▶ 상기 규정으로 인해 내부회계관리제도 운영실태보고서 & 내부회계관리제도 운영실태보고 의사록이 필요한 것임을 알 수 있다.

3. 회사의 감사(위원회)는 내부회계관리제도 운영실태를 평가하여 이사회에 매 사업연도마다 보고해야 한다.

▶ 상기 규정으로 인해 내부회계관리제도 운영평가보고서 & 내부회계관리제도 운영평가보고 의사록이 필요한 것임을 알 수 있다.

4. 주권상장법인 감사인은 내부회계관리제도 및 내부회계관리제도 운영실태에 관한 보고내용을 감사해야 한다.

▶ 상기 규정으로 인해 주권상장법인은 내부회계관리제도를 감사받아야 함을 알 수 있다.

참고로 감사위원회의 설치 규정은 아래와 같으니, 참고하기 바란다.

감사위원회의 설치 규정

1. 감사위원회 모범규준
▶ 자산총액 1조 원 이상 '상장회사'는 감사위원회 설치를 '권고'하고 있다.

2. 상법
▶ 자산총액 2조 원 이상 '상장회사'는 감사위원회 설치 '의무'가 있다.

내부회계관리제도 기본 개념(1)

회사 내 구성원들의 모든 행위는 아래의 활동 중 하나 이상의 활동을 하는 것으로 볼 수 있다.

회사 내 구성원의 활동

1. 전사총괄
2. 매출
3. 구매
4. 재고자산 생산 및 원가계산
5. 자금
6. 인사
7. 유·무형자산 취득 및 처분
8. 세무
9. 전산
10. 결산
11. 재무보고

상기에 기술한 11가지 활동이 어떤 프로세스로 이뤄지는지 세부적으로 기술하는 것을 '설계'라고 하며, 활동 중에 위험이 있는 활동은 '통제'가 필요하다(예시 : 자금 활동 시 횡령을 막을 수 있는 통제 필요).

달리 말하면, '설계'만 있다면 회사가 운영될 수 있지만, '통제'는 '설계' 없이 존재할 수 없는 것이다.

설계 및 통제 예시

활동	Process 설계	위험식별	통제절차 구축
매출	거래처 정보검토	X	X
	판매단가 확정	X	X
	제품출고	X	X
	매출인식	X	X
	대금회수	O	O

설계 및 통제의 예를 들어보자면, 매출이라는 활동 중 유의적인 프로세스에는 위험이 있을 것이고, 위험이 있으면 통제절차가 구축되어야 하는 것이며, 유의적인 프로세스에 대해서 설계가 잘 되어 있는지(=설계의 효과성 평가), 회계기간 중 실질적으로 운영이 되고 있는지(=운영의 효과성 평가)에 대해 매 회계연도 검토가 필요할 것이다.

내부회계관리제도
기본 개념(2)

　내부회계관리제도는 회사의 상황에 따라 독창적이고 창의적인 모형의 개발을 권하는 것이 아니라 COSO 보고서의 프레임워크Framework를 준거기준으로 채택하였다. COSO 프레임워크의 기본 개념은 아래에 기술하였다.

COSO 프레임워크

　COSO 프레임워크는 5가지 구성요소(통제환경, 위험평가, 정보 및 의사소통,

모니터링, 통제활동)를 통해 3가지 목적(운영목적, 보고목적, 법규준수목적)을 달성할 수 있다고 설명하고 있다. 더불어 구체적인 적용을 위해 17가지 원칙과 75가지 중점 고려사항을 제시하고 있다.

75가지 중점 고려사항은 17가지 원칙을 달성하기 위해 구체적으로 고려할 것들을 서술해 놓은 것으로, 회사의 상황에 따라 추가, 변경, 미적용할 수 있다. 다만, 본서의 경우 일반적인 상황을 가정하므로 75가지 중점 고려사항을 모두 포함하여 기술하였다.

상기 COSO 프레임워크를 요약하자면, 75가지 중점 고려사항이 존재하고, 75가지 중점 고려사항은 17가지 원칙을 달성하기 위한 구체적인 지침이며, 17가지 원칙은 5가지 구성요소의 기본개념인 것이다.

달리 말하면, 극히 예외적인 상황을 제외하고는 17가지 원칙이 기능, 존재하지 않는다면 5가지 구성요소 또한 기능, 존재하지 않을 것이다.

3가지 목적 및 5가지 구성요소의 정의는 아래와 같다.

1. 3가지 목적

▶ **운영목적** : 기업운영의 효과성 및 효율성 확보 목적으로 회사가 업무를 수행함에 있어 자원을 효과적이고 효율적으로 사용하는 것을 의미한다.

▶ **보고목적** : 보고정보의 신뢰성 확보를 목적으로 회사의 내부 및 외부보고를 위해 정확하고 신뢰성 있는 재무정보와 비재무정보의 작성 및 보고체계를 유지하는 것을 의미한다.

▶ **법규준수목적** : 관련 법규 및 정책의 준수를 목적으로 회사의 모든 활동은 관련 법규, 감독규정, 내부정책 및 절차를 준수하는 것을 의미한다.

2. 5가지 구성요소

▶ **통제환경** : 내부통제제도의 기반을 이루는 구성요소로 도덕성과 윤리적 가치에 대한 태도를 기반으로 이사회 및 감사, 감사위원회를 포함한 내부통제제도 관련 조직의 책임을 명확히 하고 해당 업무를 수행할 수 있는 조직체계를 구성하는 것을 의미한다. 동 조직체계의 교육을 포함한 인력운용 및 성과평가와의 연계가 이뤄질 수 있는 체계를 포함한다.

통제환경은 1) 도덕성과 윤리적 가치에 대한 책임, 2) 내부회계관리제도 감독책임, 3) 조직구조의 권한 및 책임정립, 4) 적격성 유지, 5) 내부회계관리제도 책임부여란 5가지 원칙으로 구성된다.

▶ **위험평가** : 내부통제제도의 목적달성을 저해하는 위험을 식별하고 평가 및 분석하는 활동을 의미하며, 구체적이고 명확한 목적을 설

정하여 관련된 위험을 파악하고, 파악된 위험의 중요도(심각성)를 평가한다. 동 절차에서 부정위험평가를 포함하여 고려하고, 회사의 중요한 변화사항을 고려하여 기존에 평가한 위험을 지속적으로 유지·관리하는 것을 포함한다.

위험평가는 1) 구체적인 목적수립, 2) 위험 식별 및 분석, 3) 부정위험평가, 4) 중요한 변화의 식별과 분석이란 4가지 원칙으로 구성된다.

▶ **정보 및 의사소통** : 조직 구성원이 내부통제제도의 책임을 수행할 수 있도록 신뢰성 있는 정보를 활용할 수 있는 체계를 구비하는 것을 의미한다. 더불어, 4가지 통제 구성요소(통제환경, 위험평가, 모니터링 활동, 통제활동)에 대한 대내외 의사소통이 원활하게 이뤄질 수 있는 체계를 포함한다.

정보 및 의사소통은 1) 관련 있는 정보의 사용, 2) 내부의사소통, 3) 외부의사소통이란 3가지 원칙으로 구성된다.

▶ **모니터링 활동** : 내부통제제도의 설계와 운영의 효과성을 평가하고 유지하기 위해 상시적인 모니터링과 독립적인 평가 또는 두 가지의 결합을 고려한 평가를 수행하고 발견된 미비점을 적시에 개선할 수 있는 체계를 의미한다.

모니터링 활동은 1) 상시적인 모니터링과 독립적 평가, 2) 미비점 평가와 개선활동이란 2가지 원칙으로 구성된다.

▶ **통제활동** : 조직 구성원이 이사회와 경영진이 제시한 경영방침이나 지침에 따라 업무를 수행할 수 있도록 마련된 정책 및 절차가 준수될 수 있는 체계를 의미하며, 경영진의 업무성과 검토, 정보기술 일반통제, 승인, 대사 및 물리적 통제 등 다양한 방법이 포함된다.

통제활동은 통제활동의 1) 선택과 구축, 2) 정보기술 일반통제의 선정과 구축, 3) 정책과 절차를 통한 실행이란 3가지 원칙으로 구성된다.

내부회계관리제도란 상기에서 설명한 3가지 목적을 달성하기 위해, 5가지 구성요소 및 17가지 원칙을 실무적으로 '전사수준 통제'와 '업무수준 통제'로 구분하여 '구현'하는 것이며, '구현'은 1) 전사수준 통제기술서, 2) 업무수준 통제기술서, 3) 업무흐름도, 4) 업무기술서로 표현된다.

이해를 도모하기 위해 아래에 도표를 추가하였으니, 참고하기 바란다.

통제수준 및 5가지 구성요소, 17가지 원칙의 매핑(Mapping)

통제수준	5가지 구성요소	17가지 원칙
전사수준 통제	통제환경	도덕성과 윤리적 가치에 대한 책임
		내부회계관리제도 감독책임
		조직구조, 권한 및 책임정립
		적격성 유지
		내부회계관리제도 책임부여
	위험평가	구체적인 목적수립
		위험 식별 및 분석
		부정위험평가
		중요한 변화의 식별과 분석
	정보 및 의사소통	관련 있는 정보의 사용
		내부의사소통
		외부의사소통
	모니터링	상시적인 모니터링과 독립적인 평가수행
		미비점 평가와 개선활동
전사수준 통제, 업무수준 통제	통제활동	통제활동의 선택과 구축
		정보기술 일반통제의 선정과 구축
		정책과 절차를 통한 실행

내부회계관리제도
구축

V-1. 내부회계관리제도 구축 흐름

내부회계관리제도의 구축 및 평가, 보고는 아래의 5가지 단계로 요약할 수 있다.

내부회계관리제도 구축 흐름도

Step 1. 적용범위 선정
▶ 중요성을 기반으로 한 내부회계관리제도 적용범위 선정

Step 2. 전사수준 통제 설계
▶ 전사적 수준의 통제 설계 및 운영 프로세스 구축

Step 3. 업무수준 통제 설계
▶ 업무 단위 수준의 통제 설계 및 운영 프로세스 구축

Step 4. 내부회계관리제도 평가

▶ 내부회계관리제도 평가, 예외사항 식별 및 개선사항 반영

Step 5. 내부회계관리제도 보고

▶ 이사회 및 주주총회 등의 법규에 따른 보고체계 구축

5가지 단계를 구현하기 위해 내부회계관리제도 운영위원회는 내부회계관리제도 기준서 4가지를 배포하였으며, 각각의 기준서는 아래와 같다.

내부회계관리제도 기준서

A. 내부회계관리제도 설계 및 운영 개념체계 : 의무적용

B. 내부회계관리제도 평가 및 보고 모범규준 : 의무적용

C. 내부회계관리제도 평가 및 보고 적용기법 : 선택적용

D. 내부회계관리제도 설계 및 운영 적용기법 : 선택적용

상기 기준서는 한국상장사협의회에서 운영하고 있는 내부회계관리제도 사이트에서 쉽게 찾을 수 있으며, 동 기준서를 토대로 다음 챕터부터 내부회계관리제도 구축 방법론을 설명하도록 하겠다.

내부회계관리제도는 운영목적, 보고목적, 법규준수 목적의 3가지 목적 달성에 대한 '합리적 확신'을 얻기 위해 조직의 이사회, 경영진 및 기타 구성원에 의해 지속해서 운영되는 일련의 과정이다.

'절대적 확신'이 아닌 '합리적 확신'이라는 개념은 모든 내부통제제도에 한계가 존재하고, 정확하게 예측할 수 없는 불확실성과 위험이 존재한다는 것을 인정한다는 것이다. 즉, 아무리 잘 설계된 내부통제제도라고 할지라도 제도를 운용하는 과정에서 발생하는 집행위험은 피할 수 없다는 것을 의미한다.

달리 말하면, 최상의 자질과 경험을 지닌 사람도 부주의, 피로, 판단착오 등에 노출될 수 있으며, 내부통제제도도 이러한 사람들에 의해 운영되므로 내부통제제도가 모든 위험을 완벽하게 통제할 수는 없다는 것을 의미한다.

따라서 합리적 확신을 얻기 위해 '중요성'이라는 개념이 등장하게 된다. 내부회계관리제도는 완벽할 수 없으니, 재무제표 이용자들의 경제적 의사결정에 영향을 미칠 수 있는 중요한 오류가 없다면, 내부회계관리제도는 합리적으로 설계, 운영되고 있으며, 합리적 확신을 가질 수 있다는 것이다.

중요성은 '양적요소' 및 '질적요소'를 고려하여 산출하게 되며, 감사기준서 1100(내부회계관리제도의 감사) 문단 22에 의하면 내부회계관리제도 중요성은 재무제표 감사와 동일한 중요성을 사용하도록 규정되어 있다.

대부분의 외부감사인은 회계법인 자체 중요성과 금융감독원에서 배포한 양정기준 중요성을 비교하여 산출하고 있다.

[예시 : MIN(회계법인 자체 중요성, 금융감독원 양정기준)]

회계법인 자체 중요성은 회계법인별로 상이한 바, 본서는 금융감독원 양정기준을 중요성으로 채택하여 기술하고자 한다. 따라서 중요성을 무엇으로 선택할지는 반드시 외부감사인과 협의가 이루어져야 할 것이다.

금융감독원의 양정기준은 회사의 회계연도 말 자산총액 및 매출액 등에 규모조정계수를 적용하여 산출하며, 세부 Logic은 아래와 같다.

금융감독원 양정기준 중요성 산출 Logic

1. 규모금액의 산출

가. 대상 회계연도 말의 자산총계
나. 대상 회계연도의 매출액(*1)
다. 회사의 규모조정계수 적용 전 규모금액(*2)
라. "라" 금액에 상응하는 규모조정계수

마. 규모금액 산출 [다×(가 또는 나)÷라]

(*1) 금융기관, 서비스업종 등의 경우에는 영업수익을 매출액으로 보며, 대상기간이 분, 반기인 경우 원칙적으로 분, 반기 매출액을 연간으로 환산하여 사용할 수 있다.

(*2) "규모금액"은 위법행위 유형별로 아래 ①부터 ④까지의 구분에 따라 산정한다. 완전자본잠식회사의 경우 아래에서 자산총계를 부채총계로 보며, ①에 해당되면서 ②또는 ③에도 해당하는 D유형의 경우 ①을 ②, ③보다 우선하여 적용한다.

① 아래 항목에 대해서는 심사, 감리대상이 되는 회계기간의 기말 자산총계와 매출액을 평균한 금액을 규모금액으로 한다.

a. A, C유형 전체
b. B유형 중 영업활동으로 인한 현금흐름의 과대, 과소계상
c. D유형 중 다음의 주석기재사항
  - 타인을 위한 담보제공, 질권설정, 지급보증 등으로 인하여 발생가능한 자산의 사용이나 처분의 제한 또는 우발부채로서 관련 채무잔액의 130% 초과금액
  - 자신을 위한 담보제공, 질권설정, 지급보증 등과 관련한 금액
d. ②~③에 해당되지 아니하는 기타 D유형 사항

② 아래의 항목에 대해서는 심사, 감리대상이 되는 회계기간의 기말 자산총계를 규모금액으로 한다.

a. B유형 중 자산, 부채의 과대, 과소계상, 유동, 비유동항목 간 계정과목 분류사항
b. D유형 중 자산, 부채와 관련한 계정과목 분류 및 주석기재사항

③ 아래 항목에 대해서는 심사, 감리대상이 되는 회계기간의 매출액을 규모금액으로 한다.

a. B유형 중 수익, 비용의 과대, 과소계상, 영업, 비영업손익 간 계정과목 분류사항
b. D유형 중 수익, 비용과 관련한 계정과목 분류 및 주석기재사항

④ 직전 사업연도말 자산총계가 1,000억 원 미만인 비상장법인으로서 각 호 중 어느 하나에도 해당하지 아니하는 회사는 매출액이 자산총계의 30% 미만이더라도 자산총계의 30%를 매출액으로 간주하여 규모금액을 산출할 수 있다.

a. 사업보고서 또는 분·반기보고서를 제출한 법인
b. 거래소로부터 법 제4조 제1항 제2호에 해당하는 사실을 확인받은 법인
c. 직전 사업연도말 자산 총계가 1,000억 원 이상이면서 차입금 의존

도가 50% 이상인 법인. 이 경우 차입금 의존도는 "차입금÷총자산
×100"으로 계산하며 차입금에는 장·단기 차입금, 금융리스부채,
기타 차입금, 사채 등 이자 지급의무가 있는 제반부채를 포함한다.

d. 자산총액이 5천억 원 이상인 법인

e. 금융회사

2. 규모조정계수

구간별 규모조정계수

규모금액(억 원) 구간		규모조정계수		
최소	최대	기본	보간율	구간 최소금액 (억 원) 초과값
0	100	0.4	–	
100	300	0.6	+0.00100000	×
300	700	0.8	+0.00050000	×
700	1,000	1.0	+0.00066667	×
1,000	2,000	1.2	+0.00030000	×
2,000	5,000	1.5	+0.00010000	×
5,000	10,000	1.8	+0.00006000	×
10,000	20,000	2.1	+0.00003000	×
20,000	50,000	2.4	+0.00002000	×
50,000	100,000	3.0	+0.00001200	×
100,000	200,000	3.6	+0.00000700	×
200,000	500,000	4.3	+0.00000233	×
500,000	1,000,000	5.0	+0.00000400	×
1,000,000	2,000,000	7.0	+0.0000030	×
2,000,000		10.0		×

※ 주권상장법인, 주권상장예정법인 및 금융회사로서 규모금액이 700억 원 미만인 회사에 대하여는 그
규모조정계수를 "1.0"으로 본다.

위와 같이, 금융감독원 중요성 산출 Logic에 대해 알아보았다. 다만, 실무자의 입장에서는 산출 Logic이 아닌 결괏값이 중요할 것이다. 본서의 독자들은 저자에게 이메일을 보내면 금융감독원 양정기준 템플릿을 제공하도록 하겠다.

금융감독원 양정기준 템플릿

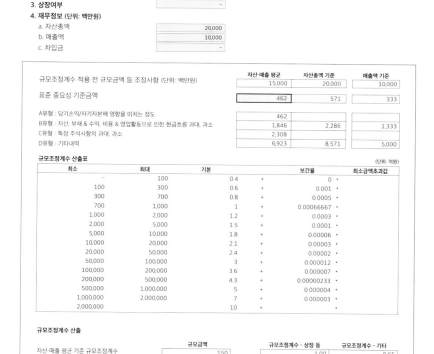

1. 회사명 | 금융감독원 양정기준
2. 사업연도 | 2021년 12월 31일
3. 상장여부 | -
4. 재무정보 (단위: 백만원)
   a. 자산총액 | 20,000
   b. 매출액 | 10,000
   c. 차입금 | -

규모조정계수 적용 전 규모금액 등 조정사항 (단위: 백만원)	자산·매출 평균	자산총액 기준	매출액 기준
	15,000	20,000	10,000
표준 중요성 기준금액	462	571	333
A유형 : 당기손익/자기자본에 영향을 미치는 정도	462		
B유형 : 자산, 부채 & 수익, 비용 & 영업활동으로 인한 현금흐름 과대, 과소	1,846	2,286	1,333
C유형 : 특정 주석사항의 과대, 과소	2,308		
D유형 : 기타내역	6,923	8,571	5,000

규모조정계수 산출표

(단위: 억원)

최소	최대	기본		보간율	최소금액초과값
-	100	0.4	+	0	·
100	300	0.6	+	0.001	·
300	700	0.8	+	0.0005	·
700	1,000	1	+	0.00066667	·
1,000	2,000	1.2	+	0.0003	·
2,000	5,000	1.5	+	0.0001	·
5,000	10,000	1.8	+	0.00006	·
10,000	20,000	2.1	+	0.00003	·
20,000	50,000	2.4	+	0.00002	·
50,000	100,000	3	+	0.000012	·
100,000	200,000	3.6	+	0.000007	·
200,000	500,000	4.3	+	0.0000233	·
500,000	1,000,000	5	+	0.000004	·
1,000,000	2,000,000	7	+	0.000003	·
2,000,000		10	+		·

규모조정계수 산출

	규모금액		규모조정계수 - 상장 등	규모조정계수 - 기타
자산·매출 평균 기준 규모조정계수	150		1.00	0.65
자산총액 기준 규모조정계수	200		1.00	0.70
매출액 기준 규모조정계수	100		1.00	0.60

상기의 템플릿은 앞서 설명한 금융감독원 양정기준을 엑셀파일로 구현한 것으로, 연두색으로 칠해진 셀 값을 입력하면 자동으로 중요성이 산출된다.

우리는 이제 양적요소를 고려한 중요성 산출방법에 대해 알게 되었다. 이렇게 산출한 중요성에 질적요소를 고려하여 최종 중요성을 산출하게 되는 것이다.

질적요소의 경우 내부회계관리제도 설계 및 적용기법 문단 42에 기술되어 있으며, 고려할 요소는 아래와 같다.

1. 계정과목 내 개별거래의 복잡성, 동질성

특정 계정과목이 다양한 거래와 관련하여 처리되거나, 관련 거래가 복잡할수록 그 계정과목(예를 들어, 복잡한 구조의 투자상품)은 재무제표 왜곡표시를 야기할 위험이 크기 때문에 중요성 금액 또는 수행 중요성 기준 이하라 하더라도 내부회계관리제도의 평가범위에 포함할 것을 고려한다.

2. 추정이나 판단이 개입되는 회계처리 및 평가

회계처리 상 복잡한 추정이나 판단을 요하거나 불확실성이 높은 계정과목(예를 들어, 판매보증충당부채, 공사손실충당부채, 소송충당부채 등)은 계산상의 오류나 경영진의 의도적인 재무제표 왜곡표시가 발생할 가능성이 상대적으로 높다.

3. 회계처리 및 보고의 복잡성

신규 또는 복잡한 회계처리의 영향을 받는 계정과목(특히, 당해 회계처리와 관련하여 다양한 해석이 존재하는 경우)은 재무제표 왜곡표시의 위험이 상대적으로 높다.

4. 우발채무의 발생 가능성

특정 계정과목과 관련되어 수행하는 업무프로세스에서 유의한 우발채무가 발생할 가능성이 높은 경우 양적요소에 추가하여 고려한다.

5. 특수관계자와 유의적 거래의 존재 여부

특수관계자와의 거래는 제3자와의 거래보다 의도적인 재무제표 왜곡표시의 가능성이 상대적으로 높기 때문에 양적요소에 추가하여 고려한다.

6. 계정과목 성격의 변화 및 당기 금액 변화 정도

회사의 회계정책 등의 변경으로 당기 계정과목의 성격이 변화한 경우나 금액의 급격한 변화가 존재하는 경우는 재무제표 왜곡표시 위험이 상대적으로 높다. 당기 이전부터 계속 유의한 계정과목으로 분류된 계정과목의 금액이 당기에 중요성 금액 또는 수행 중요성 기준에 미치지 못하는 경우 계정과목 규모의 감소가 일시적인 것인지의 여부를 추가적으로 검토하고, 향후 지속해서 양적요소를 충족시키지 못할 가능성이 낮지 않은 경우에는 유의한 계정과목 등으로의 분류를 고려한다.

7. 비경상적인 거래

빈번하게 발생하지 않는 거래와 관련된 회계처리의 경우 재무제표 왜곡표시 위험이 크다고 판단할 수 있다.

8. 관련 회계처리 기준의 변경

회사가 회계기준을 변경하거나 새로운 회계기준의 도입과 관련된 계정과목 역시 재무제표 왜곡표시 위험이 증가한다.

9. 법규 및 감독 당국의 강조사항

금융감독원 등의 규제기관에서 강조하거나 감리 등을 통해 지적되는 항목은 일반적으로 재무제표 왜곡표시 위험이 크다고 판단할 수 있다.

10. 주요한 외부환경의 변화가 존재하는 계정

회사의 사업을 영위하는 외부환경에 중요하거나 급격한 변화가 존재하는 경우 이와 관련된 계정과목은 일반적으로 재무제표 왜곡표시 위험이 크다고 판단할 수 있다.

이론적으로는 금감원 양정기준에 상기에 기술한 10가지 질적요소를 고려하여 중요성을 산출하나, 실무적으로는 '수행 중요성'을 적용하고 있다.

중요성을 초과하는 오류는 정보 이용자들의 경제적 의사결정에 왜곡을 일으키게 된다. 따라서 식별되지 않은 오류가 중요성을 초과하지 않도록 실무적으로는 '수행 중요성'을 적용하며, 수행 중요성은 회사의 위험을 고려해서 중요성의 50%~75%를 적용하게 된다.

즉, 내부회계관리제도에 적용할 중요성 산출방법을 정리하면 아래와 같을 것이다.

내부회계관리제도에 적용하는 중요성(수행 중요성)=금융감독원 양정기준 중요성×질적요소 고려×회사의 위험을 반영하여 50%~75% 적용

V-3. Step 2. 전사수준 통제 설계

앞서 아래와 같은 도표를 설명한 바 있고, 본 챕터는 '전사수준 통제'를 구축, 설계하는 방법을 설명하고자 한다.

통제수준 및 5가지 구성요소, 17가지 원칙의 매핑(Mapping)

통제수준	5가지 구성요소	17가지 원칙
전사수준 통제	통제환경	도덕성과 윤리적 가치에 대한 책임
		내부회계관리제도 감독책임
		조직구조, 권한 및 책임정립
		적격성 유지
		내부회계관리제도 책임부여
	위험평가	구체적인 목적수립
		위험 식별 및 분석
		부정위험평가
		중요한 변화의 식별과 분석
	정보 및 의사소통	관련 있는 정보의 사용
		내부의사소통
		외부의사소통
	모니터링	상시적인 모니터링과 독립적인 평가수행
		미비점 평가와 개선활동
전사수준 통제, 업무수준 통제	통제활동	통제활동의 선택과 구축
		정보기술 일반통제의 선정과 구축
		정책과 절차를 통한 실행

전사수준 단위 통제활동은 업무수준 단위 통제활동의 기반을 형성하고, 경영진이 효과적인 내부회계관리제도를 유지·감독할 수 있도록 하

는 체계적인 관리수단을 제공한다.

즉, 효과적인 전사수준 단위 통제활동은 업무수준 단위 통제활동에 긍정적인 영향을 미치게 된다.

예를 들자면 A사의 경우 경영진이 회계 지식에 대한 적격성을 보유하고 윤리적 가치에 대한 책임을 느끼며, 회사 내 위험을 수시로 평가해 지속해서 구성원들과 의사소통을 한다면 회사의 위험은 급격하게 낮아질 것이다.

달리 말하면, 전사수준 단위 통제활동이 제대로 설계 및 구축되어 있다면 자연히 업무수준 단위 통제활동 또한 긍정적으로 설계 및 운영되고 있을 것이다. 반대로 전사수준 단위 통제활동 미비점은 업무수준 단위 통제활동 평가방법·적용 범위·시기 등에 중대한 영향을 미치게 될 것이다.

전사수준 단위 통제활동을 구축하기 위해서는 5가지 구성요소 및 17가지 원칙, 75가지 중점 고려사항을 구현해야 한다.

상기 도표의 17가지 원칙에 75가지 중점 고려사항을 매핑한다면 아래의 표와 같을 것이다.

17가지 원칙 및 75가지 중점 고려사항의 매핑(Mapping)

통제수준	5가지 구성요소	17가지 원칙	75가지 중점 고려사항
전사수준 통제	통제환경	도덕성과 윤리적 가치에 대한 책임	경영진과 이사회의 의지
			윤리강령 수립
			윤리강령 준수평가
			윤리강령 위반사항의 적시 처리
		내부회계관리제도 감독책임	이사회의 감독책임 정립
			이사회의 전문성 확보
			이사회의 독립적 운영
			내부회계관리제도 감독수행
		조직구조, 권한 및 책임정립	조직구조 고려
			보고체계 수립
			권한과 책임의 정의 및 부여, 제한
		적격성 유지	정책 및 실무절차 수립
			적격성 평가 및 보완
			인력선발, 육성 및 유지
			승계계획 및 준비
		내부회계관리제도 책임부여	조직구조, 권한 및 책임을 통한 내부회계관리제도 책임부여
			성과평가 및 보상정책 수립
			성과평가 및 보상정책과의 연계
			과도한 압박 고려
			개인의 성과평가, 보상 또는 징계조치
전사수준 통제	위험평가	구체적인 목적수립	적합한 회계기준의 준수
			회사활동의 실질 반영
			중요성 고려
		위험식별 및 분석	회사 내 다양한 조직수준 고려
			외부 재무보고에 영향을 미치는 내부 및 외부요인 분석
			적절한 수준의 경영진 참여
			식별된 위험의 중요성 평가
			위험 대응 방안 결정

		부정위험 평가	다양한 부정의 유형고려
			유인과 압력의 평가
			기회평가
			태도와 합리화에 대한 평가
		중요한 변화의 식별과 분석	외부환경 변화의 평가
			사업모델 변화의 평가
			리더십 변화의 평가
전사수준 통제	정보 및 의사소통	관련 있는 정보의 사용	정보 요구사항의 식별
			내부 및 외부의 데이터 원천 포착
			관련 있는 데이터를 의미 있는 정보로 변환
			정보처리 과정에서 품질의 유지, 관리
			비용과 효익 고려
		내부의사소통	내부회계관리제도 정보에 대한 의사소통
			경영진과 이사회 간의 의사소통
			별도의 의사소통 라인 제공
			적절한 의사소통 방법 선택
		외부의사소통	외부관계자와의 의사소통
			외부로부터의 의사소통
			이사회와의 의사소통
			별도의 의사소통 라인 제공
			적절한 의사소통 방법 선택
전사수준 통제	모니터링	상시적인 모니터링과 독립적인 평가 수행	상시적인 모니터링과 독립적인 평가의 결합 고려
			변화의 정도 고려
			출발점의 설정
			충분한 지식을 갖춘 인력 활용
			업무프로세스와의 통합
			범위와 빈도 조정
			객관적인 평가
		미비점 평가와 개선활동	결과평가
			미비점 의사소통
			개선활동에 대한 모니터링 활동

전사수준 통제, 업무수준 통제	통제활동	통제활동의 선택과 구축	위험평가와의 통합
			회사의 고유한 요인 고려
			관련 있는 업무프로세스 결정
			통제유형의 조합
			다양한 수준의 통제활동 적용 고려
			업무분장 고려
		정보기술 일반통제의 선정과 구축	업무프로세스에서 사용되는 정보기술과 정보기술 일반통제 간 의존도 결정
			정보기술 인프라 통제활동 수립
			보안관리 프로세스에 대한 통제활동 수립
			정보기술의 취득, 개발 및 유지보수 프로세스에 대한 통제수립
		정책과 절차를 통한 실행	경영진의 지침전달을 지원하기 위한 정책 및 절차 수립
			정책과 절차의 적용을 위한 책임확립과 담당자의 지정
			통제활동의 적시 수행
			개선조치 이행
			적격성 있는 담당자의 수행
			정책, 절차 및 통제활동의 주기적인 재평가

상기 도표를 구현하기 위해서는 17가지 원칙 및 75가지 중점 고려사항에 대한 정의를 알아야 할 것으로 보인다. 각각의 정의는 아래에 요약해 놓았으며, 구체적인 적용방법은 'V-3. 전사수준 단위 통제' 및 'V-4. 업무수준 단위 통제' 챕터에서 설명하도록 하겠다.

17가지 원칙 및 75가지 중점 고려사항의 정의

| 통제환경 |

원칙 1. 도덕성과 윤리적 가치에 대한 책임

회사의 도덕성과 윤리적 가치에 대한 책임을 강조하는 것으로 중점 고려사항은 아래와 같다.

1) 경영진과 이사회의 의지 : 경영진과 이사회는 내부회계관리제도가 효과적으로 기능할 수 있도록 지침, 조치, 행동을 통해 도덕성과 윤리적 가치의 중요성을 강조한다.

2) 윤리강령 수립 : 회사의 윤리강령은 도덕성과 윤리적 가치에 관한 이사회와 고위 경영진의 기대사항을 반영하고 있으며, 회사의 모든 임직원, 외부서비스제공자 및 협력업체가 이를 숙지하고 있다.

3) 윤리강령 준수평가 : 윤리강령의 준수에 대한 개인과 팀의 성과를 평가하는 프로세스가 수립되어 있다.

4) 윤리강령 위반사항의 적시 처리 : 윤리강령의 위반사항은 적시에 일관된 방식으로 식별되고 개선된다.

원칙 2. 내부회계관리제도 감독책임

이사회는 경영진으로부터 독립성을 유지하며 내부회계관리제도의 설계 및 운영을 감독하는 것으로 중점 고려사항은 아래와 같다.

1) 이사회의 감독책임 정립 : 이사회는 수립된 요구사항 및 기대사항과 관련된 감독책임을 인지하고 수용한다. 참고로, 이사회는 외감법 등 법률에서 정하는 사항과 내부회계관리제도, 내부감사 및 부정방지 프로그램 등의 감독책임을 감사(위원회)에 위임할 수 있다.

2) 이사회의 전문성 확보 : 이사회는 이사회 구성원에게 필요한 기술과 전문지식을 정의하고 유지하며, 주기적으로 평가한다. 이를 통해 이사회 구성원들이 고위 경영진에게 면밀한 질문을 하고 상응하는 조치를 취할 수 있게 한다.

3) 이사회의 독립적 운영 : 이사회는 경영진의 의사결정을 평가하고 감독함에 있어 경영진으로부터 독립적이며 객관성을 갖춘 충분한 인력을 보유한다.

4) 내부회계관리제도 감독 수행 : 이사회는 내부회계관리제도 5가지 구성요소의 설계, 구축 및 운영에 대한 감독책임을 가진다.
   - 통제환경 : 도덕성 및 윤리적 가치, 감독체계, 권한 및 책임, 적격성에 대한 기대사항 및 이사회의 책임정립
   - 위험평가 : 경영진이 평가한 내부회계관리제도의 목적달성을 저

해하는 위험요소에 대한 감독(중요한 변화, 부정 및 내부회계관리제도에 대한 경영진의 권한 남용으로부터 야기되는 잠재적 영향 포함)

- 정보 및 의사소통 : 회사의 내부회계관리제도 목적달성과 관련된 정보의 분석 및 논의
- 모니터링 활동 : 모니터링 활동의 성격과 범위, 경영진의 통제 미비점 및 개선활동의 평가 및 감독
- 통제활동 : 경영진의 통제활동 설계 및 운영에 대한 감독

원칙 3. 조직구조, 권한 및 책임정립

내부회계관리제도의 목적을 달성하기 위해 이사회의 감독을 포함한 조직구조, 보고체계 및 적절한 권한과 책임을 정립하는 것으로 중점 고려사항은 아래와 같다.

1) 조직구조 고려 : 경영진과 이사회는 회사의 목적달성을 지원하기 위해 다양한 조직구조(운영단위, 법적 실체, 지역적 분포, 외부서비스제공자 포함)를 고려한다.

2) 보고체계 수립 : 경영진은 각각의 조직이 권한과 책임을 이행하고 정보교류가 가능한 보고체계를 설계하고 평가한다.

3) 권한과 책임의 정의, 부여 및 제한 : 경영진과 이사회는 권한을 위임하고 책임을 정의하며 적절한 프로세스와 기술을 활용하여 조직의 다양한 수준의 필요성에 따라 책임을 부여하고 업무를 분장한다.

- 이사회 : 중요한 의사결정 권한 보유 및 경영진이 부여한 권한과 책임의 적정성 검토
- 고위 경영진 : 임직원이 내부회계관리제도와 관련된 책임을 이해하고 이행할 수 있도록 방향성 제시, 지침 및 통제 수립
- 경영진 : 고위 경영진의 지침과 통제가 회사 및 하위 조직 내에서 실행될 수 있도록 실무지침을 제시하고 지원
- 직원 : 윤리강령, 위험요소, 조직 각 계층의 통제활동, 정보 및 의사소통 흐름, 모니터링 활동에 대한 이해

- 외부서비스제공자 : 모든 외부 직원의 권한 및 책임범위에 대해 경영진이 정한 사항의 준수

원칙 4. 적격성 유지

내부회계관리제도 목적에 부합하는 적격성 있는 인력을 선발, 육성하고 관리하는 것으로 중점 고려사항은 아래와 같다.

1) 정책 및 실무절차 수립 : 정책 및 실무절차는 내부회계관리제도 목적달성 지원을 위해 필요한 적격성의 기대사항을 반영한다.

2) 적격성 평가 및 보완 : 경영진과 이사회는 정책 및 실무절차에 의거하여 조직 구성원 및 외부서비스제공자들의 적격성을 평가하고, 평가 결과 파악된 미비사항을 보완하기 위해 필요한 조치를 취한다.

3) 인력선발, 육성 및 유지 : 회사는 내부회계관리제도 목적달성을 지원하기 위해, 충분하고 적격성 있는 인력 및 외부서비스제공자를 선발, 육성하고 유지하는 데 필요한 교육과 훈련을 제공한다.

4) 승계계획 및 준비 : 고위 경영진과 이사회는 내부회계관리제도상 중요한 책임에 관한 승계계획을 수립한다.

원칙 5. 내부회계관리제도 책임부여

조직 구성원들에게 내부회계관리제도의 목적을 달성하기 위해 필요한 책임을 부여하는 것으로 중점 고려사항은 아래와 같다.

1) 조직구조, 권한 및 책임을 통한 내부회계관리제도 책임부여 : 경영진과 이사회는 조직 전체 구성원들과 내부회계관리제도 수행에 관한 책임에 대해 의사소통을 하고, 그들에게 책임을 부여하며 필요한 경우 개선활동을 이행하도록 하는 체계를 수립한다.

2) 성과평가 및 보상정책 수립 : 경영진과 이사회는 장단기 목적 달성의 균형을 고려하고, 조직 전체 구성원의 내부회계관리제도 책임이행에 적합한 성과평가와 보상정책을 수립한다.

3) 성과평가 및 보상정책과의 연계 : 경영진과 이사회는 내부회계관리제도 목적달성을 위해 내부회계관리제도 책임이행과 그에 따른 성과평가 및 보상을 연계한다.

4) 과도한 압박 고려 : 경영진과 이사회는 조직 구성원들에게 책임을 부여하고 성과평가 지표를 수립하며 평가할 때 관련된 압박이 존재하는지를 평가하고 조정한다.

5) 개인의 성과평가, 보상 또는 징계조치 : 경영진과 이사회는 내부회계관리제도 책임이행(윤리강령의 준수 및 적격성의 기대수준 충족포함)에

대한 성과를 평가하고, 그 결과에 따라 보상하거나 필요시 징계조
치를 취한다.

| 위험평가 |

원칙 6. 구체적인 목적수립

회사 내의 위험을 식별하고 평가할 수 있도록 내부회계관리제도의 목적을 명확하게 설정하는 것으로 중점 고려사항은 아래와 같다.

1) 적합한 회계기준의 준수 : 신뢰할 수 있는 외부 재무제표를 작성할 때, 경영진은 회사에 적용되는 회계기준을 고려한다. 또한 경영진은 회사의 상황과 목적에 적합한 회계원칙을 채택하고 일관성 있게 적용한다.

2) 회사 활동의 실질 반영 : 외부 재무보고는 재무정보의 질적 특성과 경영자 주장을 뒷받침할 수 있는 기초 거래와 사건을 반영한다.

3) 중요성 고려 : 경영진은 재무제표 표시에 있어 중요성을 고려한다.

원칙 7. 위험식별 및 분석

목적달성에 영향을 미치는 위험을 전사적으로 식별하고, 위험관리 방안을 수립하기 위해 위험을 분석하는 것으로 중점 고려사항은 아래와 같다.

1) 회사 내 다양한 조직수준 고려 : 회사는 회사, 종속회사, 부문, 운영 팀 및 기능 단위 등 회사 전체 조직 단위에서 목적달성과 관련된 위험을 식별하고 평가한다.

2) 외부 재무보고에 영향을 미치는 내부 및 외부요인 분석 : 내부 및 외부요인과 그 요인들이 외부에 공시되는 재무제표의 신뢰성을 확보하는 목적을 달성하는 데 미치는 영향을 고려한다.

3) 적절한 수준의 경영진 참여 : 적절한 수준의 경영진이 참여하는 효과적인 위험평가체계를 구축한다.

4) 식별된 위험의 중요성 평가 : 회사는 해당 위험의 잠재적인 중요성을 평가하는 절차를 포함한 프로세스를 통해 식별된 위험을 분석한다.

5) 위험 대응방안 결정 : 위험평가 결과 식별된 재무제표 왜곡표시 위험에 대하여 적절한 위험 대응방안을 결정하고 시행한다.

원칙 8. 부정위험평가

내부회계관리제도 목적달성에 대한 위험평가 시 잠재적인 부정 가능성을 고려하는 것으로 중점 고려사항은 아래와 같다.

1) 다양한 부정의 유형고려 : 부정위험평가 시 다양한 방식의 부정과 비리행위로부터 비롯되는 부정한 재무보고, 자산의 잠재적 손실, 부패 등을 고려한다.

2) 유인과 압력의 평가 : 부정위험평가 시 유인incentive과 압력pressure으로 인한 부정의 발생 가능성을 고려한다.

3) 기회평가 : 부정위험평가 시 취약한 통제활동 등으로 인해 승인되지 않은 자산의 취득·사용·처분, 재무보고 기록의 변경, 기타 부적절한 행위 등 부정을 저지를 수 있는 기회가 발생할 수 있는 가능성을 고려한다.

4) 태도와 합리화에 대한 평가 : 부정위험평가 시 임직원이 어떻게 부적절한 행위에 연관되는지와 어떻게 부적절한 행위를 정당화하는지를 고려한다.

내부회계관리제도에 중요한 영향을 미치는 변화를 식별·분석하여 내부회계관리제도를 유지·관리하는 것으로 중점 고려사항은 아래와 같다.

1) 외부환경 변화의 평가 : 위험을 식별하는 과정에서 사업과 관련된 규제의 변화, 경제적인 변화, 물리적 환경의 변화 등이 내부회계관리제도에 미치는 영향을 고려한다.

2) 사업모델 변화의 평가 : 새로운 사업영역이나 기존 사업구성의 급격한 변화, 기업인수나 사업양수도, 급격한 성장, 해외 의존도의 변화, 새로운 기술 등이 내부회계관리제도에 미치는 영향을 고려한다.

3) 리더십 변화의 평가 : 회사는 경영진의 변경과 이에 따른 경영진의 태도 및 철학의 변화가 내부회계관리제도에 미치는 영향을 고려한다.

| 정보 및 의사소통 |

원칙 10. 관련 있는 정보의 사용

내부회계관리제도의 운영을 지원하기 위하여 관련 있는 양질의 정보를 취득 또는 생산하고 사용하는 것으로 중점 고려사항은 아래와 같다.

1) 정보 요구사항의 식별 : 회사의 내부회계관리제도 목적달성과 내부회계관리제도 구성요소들의 기능을 지원하기 위해 필요하고 요구되는 정보를 식별하는 절차가 수립되어 있다.

2) 내부 및 외부의 데이터 원천 포착 : 정보시스템은 내부 및 외부의 데이터 원천을 포착한다.

3) 관련 있는 데이터를 의미 있는 정보로 변환 : 정보시스템은 관련 있는 데이터를 처리하여 의미 있는 정보로 변환한다.

4) 정보처리 과정에서 품질의 유지·관리 : 정보시스템은 정확하고, 완전하며, 검증 가능한 정보를 생산 및 유지하고 동정보가 내부회계관리제도 구성요소 지원에 적절한 정보인지 검토한다.

5) 비용과 효익 고려 : 의사소통 대상이 되는 정보의 성격, 양, 상세한 정도는 회사의 내부회계관리제도 목적에 부합하고, 목적달성을 지원한다.

원칙 11. 내부의사소통

내부회계관리제도의 운영을 지원하기 위하여 필요한 내부회계관리제도에 대한 목적과 책임 등의 정보에 대해 내부적으로 의사소통하는 것으로 중점 고려사항은 아래와 같다.

1) 내부회계관리제도 정보에 대한 의사소통 : 모든 직원이 내부회계관리제도 책임을 이해하고 이행하는 데 필요한 정보를 교환하는 프로세스가 존재한다.

2) 경영진과 이사회 간의 의사소통 : 경영진과 이사회는 회사의 내부회계관리제도 목적과 관련한 각자의 역할수행을 위해 요구되는 정보를 얻을 수 있도록 양자 간에 의사소통한다.

3) 별도의 의사소통 라인 제공 : 통상적인 의사소통 채널이 비효과적인 경우를 대비하여 익명 또는 비밀이 보장된 의사소통이 가능하도록 내부고발제도 같은 별도의 의사소통 채널이 갖추어져 있다.

4) 적절한 의사소통 방법 선택 : 시기, 대상자 및 정보의 성격을 고려하여 의사소통의 방법을 선택한다.

원칙 12. 외부의사소통

내부회계관리제도의 운영에 영향을 미치는 사항에 대해 외부 관계자와 의사소통하는 것으로 중점 고려사항은 아래와 같다.

1) 외부 관계자와의 의사소통 : 주주, 협력업체, 소유주, 규제기관, 고객, 재무분석가 등 외부 관계자와 관련 있는 정보를 적시에 의사소통할 수 있는 프로세스가 구축되어 있다.

2) 외부로부터의 의사소통 : 고객, 소비자, 공급자, 외부감사인, 규제기관, 재무분석가 등 외부 관계자의 의견을 수렴하여 경영진과 이사회에 관련 있는 정보를 제공할 수 있는 개방된 의사소통 채널을 마련한다.

3) 이사회와의 의사소통 : 외부 관계자가 수행한 평가로부터 도출된 관련 있는 정보는 이사회와 의사소통된다.

4) 별도의 의사소통 라인 제공 : 통상적인 의사소통 채널이 작동하지 않거나 비효과적인 경우를 대비하여 익명 또는 비밀이 보장된 의사소통이 가능하도록 내부고발제도와 같은 별도의 의사소통 채널이 갖추어져 있다.

5) 적절한 의사소통 방법 선택 : 의사소통의 시기, 대상, 성격뿐만 아니라 법률, 규제, 주주 및 이해관계자의 요구사항 및 기대를 고려하여 의사소통 방법을 선택한다.

| 모니터링 활동 |

상시적인 모니터링과 독립적인 평가수행

상시적인 모니터링과 독립적인 평가방안을 수립하여 내부회계관리제도 설계 및 운영의 적정성을 평가하는 것으로 중점 고려사항은 아래와 같다.

1) 상시적인 모니터링과 독립적인 평가의 결합 고려 : 경영진은 상시적인 모니터링과 독립적인 평가의 균형을 고려한다.

2) 변화의 정도 고려 : 경영진은 상시적인 모니터링과 독립적인 평가를 선택하고 구축할 때, 업무와 업무프로세스 변화의 정도를 고려한다.

3) 출발점Baseline의 설정 : 내부회계관리제도의 설계와 현재 상태는 상시적인 모니터링과 독립적인 평가를 위한 출발점을 수립하는 데 활용된다.

4) 충분한 지식을 갖춘 인력 활용 : 상시적인 모니터링과 독립적인 평가를 수행하는 평가자들은 평가 대상에 대한 충분한 지식을 보유하고 있다.

5) 업무프로세스와의 통합 : 상시적인 모니터링은 업무프로세스에 내

재되고 변화하는 상황에 따라 조정된다.

6) 범위와 빈도 조정 : 경영진은 위험의 중요성에 따라 독립적인 평가의 범위와 빈도를 달리한다.

7) 객관적인 평가 : 객관적인 피드백을 제공하기 위해 주기적으로 독립적인 평가가 수행된다.

원칙 14. 미비점 평가와 개선활동

내부회계관리제도의 미비점을 평가하고 필요한 개선활동을 적시에
수행하는 것으로 중점 고려사항은 아래와 같다.

1) 결과평가 : 경영진과 이사회는 상시적인 모니터링과 독립적인 평
   가 결과에 대해 적절히 평가한다.

2) 미비점 의사소통 : 내부회계관리제도의 미비점은 개선활동을 수행
   할 책임이 있는 담당자와 책임자(일반적으로 차상위자, 필요시 고위 경영
   진과 이사회 포함), 이사회와 적절하게 의사소통된다.

3) 개선활동에 대한 모니터링 활동 : 경영진은 통제 미비점들이 적시
   에 개선되는지 확인한다.

| 통제활동 |

원칙 15. 통제활동의 선택과 구축

내부회계관리제도의 목적달성을 저해하는 위험을 수용 가능한 수준으로 줄일 수 있는 통제활동을 선택하고 구축하는 것으로 중점 고려사항은 아래와 같다.

1) 위험평가와의 통합 : 위험평가 결과 확인된 위험을 관리하고 줄일 수 있는 통제활동을 마련한다.

2) 회사의 고유한 요인 고려 : 경영진은 통제활동 선택 및 구축 시, 회사의 고유한 특성뿐만 아니라 사업환경, 복잡성, 성격 및 범위 등의 영향을 고려한다.

3) 관련 있는 업무프로세스 결정 : 경영진은 통제활동이 필요한 관련 있는 업무프로세스를 결정한다.

4) 통제유형의 조합 : 위험을 완화시키기 위해 다양한 속성을 결합한 균형 잡힌 통제활동을 고려한다(수동통제와 자동통제, 예방통제와 적발통제 등).

5) 다양한 수준의 통제활동 적용 고려 : 경영진은 회사 내 다양한 수준의 통제활동을 고려한다.

6) 업무분장 고려 : 경영진은 양립할 수 없는 직무를 분리하되, 업무분장 적용이 가능하지 않을 경우 대체적인 통제활동을 선택하고 구축한다.

정보기술 일반통제의 선정과 구축

내부회계관리제도 목적달성을 지원하는 정보기술 일반통제를 선정하고 구축하는 것으로 중점 고려사항은 아래와 같다.

1) 업무프로세스에서 사용되는 정보기술과 정보기술 일반통제 간 의존도 결정 : 경영진은 업무프로세스 및 자동통제와 정보기술 일반통제 간의 의존성과 연관성을 이해하고 결정한다.

2) 정보기술 인프라 통제활동 수립 : 경영진은 정보처리의 완전성, 정확성 및 이용 가능성을 확보하기 위한 정보기술 인프라에 대한 통제활동을 선택하고 구축한다.

3) 보안관리 프로세스에 대한 통제활동 수립 : 경영진은 업무책임에 상응하는 정보기술 접근권한을 허가된 담당자로 제한하고, 외부의 위협으로부터 회사의 자산을 보호하기 위한 보안 관련 통제활동을 선택하고 구축한다.

4) 정보기술의 취득, 개발 및 유지보수 프로세스에 대한 통제수립 : 경영진은 내부회계관리제도 목적달성을 위하여 정보기술 및 인프라의 취득, 개발, 유지보수 활동에 대한 통제활동을 선정하고 구축한다.

원칙 17. 정책과 절차를 통한 실행

회사의 기대사항을 정한 정책과 그 정책을 실행하기 위한 절차를 통하여 통제활동을 적용하는 것으로 중점 고려사항은 아래와 같다.

1) 경영진의 지침 전달을 지원하기 위한 정책 및 절차 수립 : 경영진은 기대사항을 정한 정책과 이를 실행 가능한 구체적 절차를 제시하여 업무프로세스 및 구성원의 일상적인 활동에 통제활동이 내재화되도록 한다.

2) 정책과 절차의 적용을 위한 책임 확립과 담당자의 지정 : 경영진은 관련 위험이 존재하는 사업단위 또는 부서의 경영진(또는 지정된 인원)과 함께 통제활동에 대한 책임을 확립하고 담당자를 지정한다.

3) 통제활동의 적시 수행 : 통제활동 별로 지정된 담당자가 정책과 절차에 정해진 대로 통제활동을 적시에 수행한다.

4) 개선조치 이행 : 통제활동 수행결과 식별된 문제점에 대하여 책임 있는 담당자가 조사하고 조치를 취한다.

5) 적격성 있는 담당자의 수행 : 충분한 권한을 가진 적격성 있는 담당자가 지속적인 관심과 주의를 기울여 통제활동을 수행한다.

6) 정책, 절차 및 통제활동의 주기적인 재평가 : 경영진은 정책, 절차

및 통제활동이 지속적으로 적정한지 판단하기 위하여 주기적으로 검토하고, 필요시 정책, 절차 및 통제활동을 개정 또는 개선한다.

상기와 같이 17가지 원칙 및 75가지 중점 고려사항의 정의에 대해 알아보았으니, 내부회계관리제도를 구현하는 방법에 대해 알아보도록 하겠다.

앞서 설명한 바와 같이 내부회계관리제도는 회사의 상황에 따라 독창적이고 창의적인 모형의 개발을 권하는 것이 아니라 COSO 보고서의 프레임워크Framework를 준거기준으로 채택하였다.

COSO 프레임워크를 요약하자면, 75가지 중점 고려사항이 존재하고, 75가지 중점 고려사항은 17가지 원칙을 달성하기 위한 구체적인 지침이며, 17가지 원칙은 5가지 구성요소의 기본개념인 것으로 설명하였다.

이해를 도모하기 위해, 통제환경의 도덕성과 윤리적 가치에 대한 책임을 예를 들어본다.

도덕성과 윤리적 가치에 대한 책임의 중점 고려사항 매핑(Mapping)

통제수준	5가지 구성요소	17가지 원칙	75가지 중점 고려사항
전사수준 통제	통제환경	도덕성과 윤리적 가치에 대한 책임	경영진과 이사회의 의지
			윤리강령 수립
			윤리강령 준수평가
			윤리강령 위반사항의 적시 처리

상기 표에서 보는 바와 같이 1) 경영진과 이사회의 의지, 2) 윤리강령 수립, 3) 윤리강령 준수 평가, 4) 윤리강령 위반사항의 적시처리라는 중점 고려사항을 구현한다면, 17가지 원칙 중 도덕성과 윤리적 가치에 대한 책임이 구현되는 것이다.

달리 말하면, 아래의 4단계를 통해 도덕성과 윤리적 가치에 대한 책임이라는 원칙을 구현할 수 있을 것이다.

<도덕성과 윤리적 가치에 대한 책임 구현 4단계>

Step 1. 경영진과 이사회의 의지
▶ 내부회계관리제도가 효과적으로 기능할 수 있도록 도덕성과 윤리적 가치의 중요성을 강조하는 프로세스 구축을 통해 '경영진과 이사회의 의지'를 구현한다.

Step 2. 윤리강령 수립
▶ 도덕성과 윤리적 가치를 회사의 모든 임직원, 외부서비스제공자 및 협력업체에 숙지시키는 프로세스 구축을 통해 '윤리강령 수립'을 구현한다.

Step 3. 윤리강령 준수 평가

▶ 윤리강령 준수에 대한 개인과 팀의 성과를 평가하는 프로세스 구축을 통해 '윤리강령 준수 평가'를 구현한다.

Step 4. 윤리강령 위반사항의 적시처리

▶ 윤리강령의 위반사항을 적시에 일관된 방식으로 식별하고, 개선하는 프로세스 구축을 통해 '윤리강령 위반사항의 적시처리'를 구현한다.

요약하자면, 우리는 75가지 중점 고려사항의 구현을 통해, 17가지 원칙을 구축하게 되는 것이다.

75가지 중점 고려사항의 구현 방법은 '내부회계관리제도 설계 및 운영 적용기법'이라는 기준서에 기술되어 있으며, 동 기준서를 적용하여 75가지 중점 고려사항을 구현해 보도록 하겠다.

| 통제환경 관련 중점 고려사항 |

중점 고려사항 1. 경영진과 이사회의 의지

▶ 회사의 통제내용 기술

회사는 회사를 둘러싼 다양한 이해관계자의 기대사항과 회사가 운영되는 시장의 사회적, 윤리적, 법적 기준을 반영한 최고위층의 의지를 설정할 필요가 있음을 인지하였다.

따라서 회사는 최고위층의 의지를 바탕으로 회사의 헌장, 윤리기준, 정책 및 절차, 경영방식, 경영진의 의사결정, 윤리기준 위반사항에 대한 조치에 대한 내용으로 윤리강령을 규정하였고, 매 사업연도 초에 구성원들에게 윤리강령 준수 서약서를 징구하고 있다.

▶ 회사의 통제 테스트 방법

회사는 중점 고려사항인 경영진과 이사회의 의지를 테스트하기 위해 아래와 같은 절차를 수행하였다.

1. 윤리강령 징구 및 확인
2. 임직원 등의 구성원에게 징구한 윤리강령 준수서약서 확인
3. 본 테스트 진행 시 예외사항이 있을 경우 원인을 규명하고, 원인 규명 및 조치 결과에 대한 문서 검토

▶ 관련 문서

1. 윤리강령 및 윤리강령 준수서약서
2. 예외사항이 있을 경우 원인 규명 및 결과 조치에 대한 문서

윤리강령 수립

▶ 회사의 통제내용 기술

회사는 외부서비스제공자 또는 협력업체의 부적절한 행위는 회사에 궁극적인 책임이 있으며, 고객, 회사의 이해관계자 및 회사의 명성에 피해를 발생시키고 많은 비용이 유발될 수 있는바, 이에 대한 대책 마련을 하기로 하였다.

따라서 회사는 외부서비스제공자 또는 협력업체에게 위임된 업무에 대해서도 회사의 윤리강령을 준수할 수 있도록 윤리강령을 제정하였고, 외부이해관계자에게 윤리강령 준수 서약서를 징구하고 있다.

▶ 회사의 통제 테스트 방법

회사는 중점 고려사항인 윤리강령 수립을 테스트하기 위해 아래와 같은 절차를 수행하였다.

1. 윤리강령 징구 및 확인
2. 외부서비스제공자 또는 협력업체 등에게 징구한 윤리강령 준수서약서 확인
3. 본 테스트 진행 시 예외사항이 있을 경우 원인을 규명하고, 원인 규명 및 조치결과에 대한 문서 검토

▶ 관련 문서

1. 윤리강령
2. 윤리강령 준수서약서
3. 예외사항이 있을 경우 원인 규명 및 결과 조치에 대한 문서

윤리강령 준수평가

▶ 회사의 통제내용 기술

회사는 윤리강령을 제정하였고, 이에 대한 준수 여부를 검토하기 위한 절차가 필요하다는 것을 인지하였다.

따라서 회사는 윤리강령이 준수되고 있는지 독립적인 평가자에 의해 구성원들의 행동, 의사결정, 태도를 평가하는 프로세스를 운영하고 있으며, 평가결과에 따른 성과평가 및 위반사항에 대한 조치사항 또한 제정하였다.

▶ 회사의 통제 테스트 방법

회사는 중점 고려사항인 윤리강령 준수평가를 테스트하기 위해 아래와 같은 절차를 수행하였다.

1. 윤리강령 준수평가서 징구 및 확인
2. 윤리강령 준수평가표에 의한 평가내역 및 위반사항 조치내역서 징구 및 확인
3. 본 테스트 진행 시 예외사항이 있을 경우 원인을 규명하고, 원인 규명 및 조치결과에 대한 문서 검토

▶ 관련 문서

1. 윤리강령 준수평가서
2. 윤리강령 평가표에 의한 평가내역 및 위반사항 조치내역서
3. 예외사항이 있을 경우 원인 규명 및 결과 조치에 대한 문서

중점 고려사항 4. 윤리강령 위반사항의 적시처리

▶ 회사의 통제내용 기술

회사는 윤리강령 준수평가표에 의한 성과평가 및 위반사항에 대한 조치내역을 구성원들에게 공유해야 한다는 것을 인지하였다.

따라서 회사는 위반사항이 회사에 미치는 영향의 정도에 따라서 상위기관인 감사부에 보고하는 프로세스를 구축하였고, 지속적이고 주기적인 평가 절차의 마련 및 발견된 문제점에 대한 개선방안을 검토하는 프로세스를 수립하였다.

▶ 회사의 통제 테스트 방법

회사는 중점 고려사항인 윤리강령 위반사항의 적시처리를 테스트하기 위해 아래와 같은 절차를 수행하였다.

1. 윤리강령 평가표에 의한 평가내역 및 위반사항 조치내역서 징구 및 확인
2. 감사부 보고자료 징구 및 확인
3. 본 테스트 진행 시 예외사항이 있을 경우 원인을 규명하고, 원인 규명 및 조치결과에 대한 문서 검토

▶ 관련 문서

1. 윤리강령 평가표에 의한 평가내역 및 위반사항 조치내역서
2. 감사부 보고자료
3. 예외사항이 있을 경우 원인 규명 및 결과 조치에 대한 문서

이사회의 감독책임 정립

▶ 회사의 통제내용 기술

회사는 내부회계관리제도의 설계 및 운영할 책임은 최고경영자 및 고위 경영진에게, 감독책임은 이사회에게 있음을 인지하였다.

따라서 회사는 외감법 등 관련 법률에서 정하는 사항을 토대로 내부회계관리제도를 제정하여 운영하고 있다.

▶ 회사의 통제 테스트 방법

회사는 중점 고려사항인 이사회의 감독책임 정립을 테스트하기 위해 아래와 같은 절차를 수행하였다.

1. 내부회계관리제도 규정 징구 및 확인
2. 내부회계관리제도 운영 Test 내역 징구 및 확인
3. 본 테스트 진행 시 예외사항이 있을 경우 원인을 규명하고, 원인 규명 및 조치결과에 대한 문서 검토

▶ 관련 문서

1. 내부회계관리제도 규정
2. 내부회계관리제도 운영 Test 내역
3. 예외사항이 있을 경우 원인 규명 및 결과 조치에 대한 문서

▶ 회사의 통제내용 기술

회사는 내부회계관리제도의 감독기관인 이사회가 적절한 전문성과 기술을 보유할 필요성이 있음을 인지하였다.

따라서 회사는 회계, 세무, 법률 등의 적격성을 갖춘 인원으로 이사회를 구성하였으며, 분기별 교육 및 교육에 대한 평가를 진행함으로 적격성을 유지하고 있다.

▶ 회사의 통제 테스트 방법

회사는 중점 고려사항인 이사회의 전문성 확보를 테스트하기 위해 아래와 같은 절차를 수행하였다.

1. 이사회 구성원 선임기준 징구 및 확인
2. 분기별 교육자료 및 평가내역 징구 및 확인
3. 본 테스트 진행 시 예외사항이 있을 경우 원인을 규명하고, 원인 규명 및 조치결과에 대한 문서 검토

▶ 관련 문서

1. 이사회 구성원 선임기준
2. 분기별 교육자료 및 평가내역
3. 예외사항이 있을 경우 원인 규명 및 결과 조치에 대한 문서

▶ 회사의 통제내용 기술

회사는 내부회계관리제도를 감독하는 이사회의 경우 회사와 이해관계가 없는 독립성을 유지해야 함을 인지하였다.

따라서 회사는 이사회 구성원에게 아래의 내용을 포함하여 독립성 확인서를 징구하고 있으며, 매 사업연도 초에 독립성 준수 여부를 검토하고 있다.

1. 재무적 이해관계의 금지
2. 고용관계의 금지
3. 기타 독립성을 훼손하는 업무, 관계 등의 금지
4. 예외사항이 있을 경우 원인 규명 및 결과 조치에 대한 문서

▶ 회사의 통제 테스트 방법

회사는 중점 고려사항인 이사회의 독립적 운영을 테스트하기 위해 아래와 같은 절차를 수행하였다.

1. 독립성 확인서 징구 및 확인
2. 독립성 준수 여부에 대한 검토내역 징구 및 확인
3. 본 테스트 진행 시 예외사항이 있을 경우 원인을 규명하고, 원인 규명 및 조치 결과에 대한 문서 검토

▶ 관련 문서

1. 독립성 확인서 및 독립성 준수 여부에 대한 검토내역
2. 예외사항이 있을 경우 원인 규명 및 결과 조치에 대한 문서

중점 고려사항 8. 내부회계관리제도 감독 수행

▶ 회사의 통제내용 기술

회사는 이사회의 효과적인 내부회계관리제도 감독을 위해, 내부회계관리제도 감독 체크리스트가 필요함을 인지하였다.

따라서 회사는 통제환경, 위험평가, 통제활동, 정보 및 의사소통, 모니터링 활동의 5가지 구성요소를 포함하여 내부회계관리제도 감독 체크리스트를 제정하였으며, 정기적 또는 비정기적으로 평가를 수행하고 있다.

▶ 회사의 통제 테스트 방법

회사는 중점 고려사항인 내부회계관리제도 감독 수행을 테스트하기 위해 아래와 같은 절차를 수행하였다.

1. 내부회계관리제도 감독 체크리스트 징구 및 확인
2. 내부회계관리제도 평가 결과 징구 및 확인
3. 본 테스트 진행 시 예외사항이 있을 경우 원인을 규명하고, 원인 규명 및 조치결과에 대한 문서 검토

▶ 관련 문서

1. 내부회계관리제도 감독 체크리스트
2. 내부회계관리제도 평가 결과
3. 예외사항이 있을 경우 원인 규명 및 결과 조치에 대한 문서

▶ 회사의 통제내용 기술

회사는 경영진 및 이사회 뿐만 아니라, 전 구성원에게 내부회계관리제도의 중요성을 인지시켜야 효과적으로 내부회계관리제도가 운영될 수 있다는 것을 인지하였다. 또한, 집중된 위험을 해소하기 위해 내부회계관리제도 규정에 업무분장 및 책임에 대한 내용을 제정하여 효과적이고 효율적으로 내부회계관리제도를 운영하고 있다.

▶ 회사의 통제 테스트 방법

회사는 중점 고려사항인 조직구조 고려를 테스트하기 위해 아래와 같은 절차를 수행하였다.

1. 내부회계관리제도 규정 징구 및 확인
2. 집중된 위험 해소 방안에 대한 검토내역 징구 및 확인
3. 본 테스트 진행 시 예외사항이 있을 경우 원인을 규명하고, 원인 규명 및 조치결과에 대한 문서 검토

▶ 관련 문서

1. 내부회계관리제도 규정
2. 집중된 위험 해소 방안에 대한 검토내역
3. 예외사항이 있을 경우 원인 규명 및 결과 조치에 대한 문서

중점 고려사항 10. 보고체계 수립

▶ 회사의 통제내용 기술

회사는 내부회계관리제도 규정에 따른 업무분장 및 책임에 관한 내용에 따라, 부여된 책임이 달성되고 정보가 의도한 대로 흘러갈 수 있는 보고체계의 설계가 필요함을 인지하였다.

따라서 회사는 업무분장에 따른 보고체계를 구축하고 이를 운영하고 있다.

▶ 회사의 통제 테스트 방법

회사는 중점 고려사항인 보고체계 수립을 테스트하기 위해 아래와 같은 절차를 수행하였다.

1. 내부회계관리제도 규정 징구 및 확인
2. 업무분장에 따른 보고체계 징구 및 확인
3. 본 테스트 진행 시 예외사항이 있을 경우 원인을 규명하고, 원인 규명 및 조치결과에 대한 문서 검토

▶ 관련 문서

1. 내부회계관리제도 규정
2. 업무분장에 따른 보고체계
3. 예외사항이 있을 경우 원인 규명 및 결과 조치에 대한 문서

▶ 회사의 통제내용 기술

회사는 내부회계관리제도 효율성 증대를 위해 업무분장 체계를 구축하였으나, 이로 인해 위험의 복잡성이 증가될 수 있음을 인지하였다.

따라서 회사는 이사회 지침을 고려하여 어떤 권한을 부여하거나 부여하지 않을 것인지에 대한 기준을 수립하였으며, 독립적인 내부회계관리제도 감사 부서를 통해 내부회계관리제도 조직구조, 권한 및 책임에 대한 검토를 수행하고 있다.

▶ 회사의 통제 테스트 방법

회사는 중점 고려사항인 권한과 책임의 정의 및 부여, 제한을 테스트하기 위해 아래와 같은 절차를 수행하였다.

1. 이사회 규정 징구 및 확인
2. 독립적인 내부회계관리제도 감사부서의 검토내역 징구 및 확인
3. 본 테스트 진행 시 예외사항이 있을 경우 원인을 규명하고, 원인 규명 및 조치결과에 대한 문서 검토

▶ 관련 문서

1. 이사회 규정
2. 독립적인 내부회계관리제도 감사부서의 검토내역
3. 예외사항이 있을 경우 원인 규명 및 결과 조치에 대한 문서

정책 및 실무절차 수립

▶ 회사의 통제내용 기술

회사는 내부회계관리제도가 효과적으로 설계되더라도 구성원들의 적격성이 뒷받침되지 않는다면 내부회계관리제도는 설계대로 운영되지 않을 수 있음을 인지하였다.

따라서 회사는 구성원들에게 적격성의 중요성을 강조하고, 업무별 요구되는 적격성을 전체 조직에 공유하고 있다.

▶ 회사의 통제 테스트 방법

회사는 중점 고려사항인 정책 및 실무절차 수립을 테스트하기 위해 아래와 같은 절차를 수행하였다.

1. 업무별 요구되는 적격성 내역 징구 및 확인
2. 업무별 요구되는 적격성의 구성원 공유현황 징구 및 확인
3. 본 테스트 진행 시 예외사항이 있을 경우 원인을 규명하고, 원인 규명 및 조치결과에 대한 문서 검토

▶ 관련 문서

1. 업무별 요구되는 적격성 내역
2. 업무별 요구되는 적격성의 구성원 공유현황
3. 예외사항이 있을 경우 원인 규명 및 결과 조치에 대한 문서

적격성 평가 및 보완

▶ 회사의 통제내용 기술

회사는 내부회계관리제도가 효과적으로 설계되더라도 구성원들의 적격성이 뒷받침되지 않는다면 내부회계관리제도는 설계대로 운영되지 않을 수 있음을 인지하였다.

따라서 회사는 구성원들에게 적격성의 중요성을 강조하고, 업무별 요구되는 적격성을 전체 조직에 공유하고 있으며, 적격성을 평가 및 보완하기 위해 분기별로 업무 담당자들의 교육 및 평가를 진행하고 있다.

▶ 회사의 통제 테스트 방법

회사는 중점 고려사항인 적격성 평가 및 보완을 테스트하기 위해 아래와 같은 절차를 수행하였다.

1. 적격성 교육자료 징구 및 확인
2. 적격성 평가자료 징구 및 확인
3. 본 테스트 진행 시 예외사항이 있을 경우 원인을 규명하고, 원인 규명 및 조치결과에 대한 문서 검토

▶ 관련 문서

1. 적격성 교육자료
2. 적격성 평가자료
3. 예외사항이 있을 경우 원인 규명 및 결과 조치에 대한 문서

▶ 회사의 통제내용 기술

회사는 신규채용 및 부서이동 등의 경우에도 적격성을 유지해야 한다는 것을 인지하였다.

따라서 회사는 인적자원 관리 프로세스를 통해 신규채용 및 부서이동 등의 경우 사전에 일정 수준 이상의 교육을 수료한 자에 한하여, 신규채용 및 부서이동을 승인하고 있다.

▶ 회사의 통제 테스트 방법

회사는 중점 고려사항인 인력선발, 육성 및 유지를 테스트하기 위해 아래와 같은 절차를 수행하였다.

1. 인적자원 관리 프로세스 징구 및 확인
2. 교육 수료증 징구 및 확인
3. 본 테스트 진행 시 예외사항이 있을 경우 원인을 규명하고, 원인 규명 및 조치결과에 대한 문서 검토

▶ 관련 문서

1. 인적자원 관리 프로세스
2. 교육 수료증
3. 예외사항이 있을 경우 원인 규명 및 결과 조치에 대한 문서

중점 고려사항 15. 승계계획 및 준비

▶ 회사의 통제내용 기술

회사는 핵심 인력의 경우 회사의 목적달성에 필수적으로 판단되는 역할을 지속해서 수행하므로, 공백이 발생할 경우 회사의 목적달성에 유의적인 위험이 있을 수 있다는 사실을 인지하였다.

따라서 회사는 핵심 임원에 대한 업무 승계계획을 수립하였으며, 업무 승계 후보자에게는 업무 승계 이전에 역할 승계를 가정한 교육과 훈련을 진행하고 있다.

▶ 회사의 통제 테스트 방법

회사는 중점 고려사항인 승계계획 및 준비를 테스트하기 위해 아래와 같은 절차를 수행하였다.

1. 업무 승계계획 징구 및 확인
2. 역할 승계를 위한 교육 및 훈련 프로세스 징구 및 확인
3. 본 테스트 진행 시 예외사항이 있을 경우 원인을 규명하고, 원인 규명 및 조치결과에 대한 문서 검토

▶ 관련 문서

1. 업무 승계계획
2. 역할 승계를 위한 교육 및 훈련 프로세스
3. 예외사항이 있을 경우 원인 규명 및 결과 조치에 대한 문서

조직구조, 권한 및 책임을 통한 내부회계관리제도 책임부여

▶ 회사의 통제내용 기술

회사는 내부회계관리제도 효율성 증대를 위해 업무분장 체계를 구축하였으나, 이로 인해 위험의 복잡성이 증가될 수 있음을 인지하였다.

따라서 회사는 이사회 지침을 고려하여 어떤 권한을 부여하거나 부여하지 않을 것인지에 대한 기준을 수립하였으며, 독립적인 내부회계관리제도 감사부서를 통해 내부회계관리제도 조직구조, 권한 및 책임에 대한 검토를 수행하고 있다.

한편, 회사는 내부회계관리제도 조직구조, 권한 및 책임의 검토내역을 토대로 구성원들의 평가를 진행하고 있으며, 평가결과에 따른 상벌규정을 제정하여 운영하고 있다.

▶ 회사의 통제 테스트 방법

회사는 중점 고려사항인 조직구조, 권한 및 책임을 통한 내부회계관리제도 책임부여를 테스트하기 위해 아래와 같은 절차를 수행하였다.

1. 내부회계관리제도 평가내역 징구 및 확인
2. 내부회계관리제도 평가결과에 따른 상벌규정 징구 및 확인
3. 본 테스트 진행 시 예외사항이 있을 경우 원인을 규명하고, 원인 규명 및 조치결과에 대한 문서 검토

▶ 관련 문서

1. 내부회계관리제도 평가내역

2. 내부회계관리제도 평가결과에 따른 상벌규정

3. 예외사항이 있을 경우 원인 규명 및 결과 조치에 대한 문서

중점 고려사항 17. 성과평가 및 보상정책 수립

▶ **회사의 통제내용 기술**

　회사는 구성원들의 업무성과는 각자의 책임정도와 보상체계에 큰 영향을 받는다는 것을 인지하였다.

　따라서 회사는 모든 구성원들의 책임을 고려한 성과평가 지표 및 인센티브를 포함하는 보상체계를 수립하였으며, 평가기준에 미달하는 구성원들의 징계규정 또한 제정하였다.

▶ **회사의 통제 테스트 방법**

　회사는 중점 고려사항인 성과평가 및 보상정책 수립을 테스트하기 위해 아래와 같은 절차를 수행하였다.

1. 내부회계관리제도 성과평가 지표 및 보상체계 징구 및 확인
2. 내부회계관리제도 성과평가 결과에 따른 상벌규정 징구 및 확인
3. 본 테스트 진행 시 예외사항이 있을 경우 원인을 규명하고, 원인 규명 및 조치결과에 대한 문서 검토

▶ **관련 문서**

1. 내부회계관리제도 성과평가 지표 및 보상체계
2. 내부회계관리제도 성과평가 결과에 따른 상벌규정
3. 예외사항이 있을 경우 원인 규명 및 결과 조치에 대한 문서

중점 고려사항 18. 성과평가 및 보상정책과의 연계

▶ 회사의 통제내용 기술

회사는 구성원들의 업무 성과는 각자의 책임정도와 보상체계에 큰 영향을 받는다는 것을 인지하였다.

한편, 회사는 구성원들의 성과평가 및 보상정책과의 객관적인 연계를 위해서, 사전에 성과평가 기준을 구성원들에게 공유하며, 성과평가 결과 또한 구성원들에게 공유하고 있다.

▶ 회사의 통제 테스트 방법

회사는 중점 고려사항인 성과평가 및 보상정책과의 연계를 테스트하기 위해 아래와 같은 절차를 수행하였다.

1. 내부회계관리제도 성과평가 지표 및 보상체계 징구 및 확인
2. 내부회계관리제도 성과평가 결과 징구 및 확인
3. 본 테스트 진행 시 예외사항이 있을 경우 원인을 규명하고, 원인 규명 및 조치결과에 대한 문서 검토

▶ 관련 문서

1. 내부회계관리제도 성과평가 지표 및 보상체계
2. 내부회계관리제도 성과평가 결과
3. 예외사항이 있을 경우 원인 규명 및 결과 조치에 대한 문서

▶ **회사의 통제내용 기술**

경영진과 이사회는 회사의 목적을 달성하기 위한 목표를 설정하며, 이는 본질적 특성상 구성원들에 압박을 만들어 낼 수 있음을 인지하였다.

따라서 평가기준에 미달하는 구성원은 평가기준 미달 원인에 따라 징계 수준을 감경하는 제도를 운영하고 있다.

▶ **회사의 통제 테스트 방법**

회사는 중점 고려사항인 과도한 압박 고려를 테스트하기 위해 아래와 같은 절차를 수행하였다.

1. 내부회계관리제도 성과평가 지표 및 보상체계 징구 및 확인
2. 성과평가 기준에 미달한 구성원의 사유파악 내역, 감경내역 징구 및 확인
3. 본 테스트 진행 시 예외사항이 있을 경우 원인을 규명하고, 원인 규명 및 조치결과에 대한 문서 검토

▶ **관련 문서**

1. 내부회계관리제도 성과평가 지표 및 보상체계
2. 성과 평가 기준에 미달한 구성원의 사유파악 내역 및 감경내역
3. 예외사항이 있을 경우 원인 규명 및 결과 조치에 대한 문서

개인의 성과평가, 보상 또는 징계조치

▶ 회사의 통제내용 기술

회사는 모든 구성원들의 책임을 고려한 성과평가 지표 및 인센티브를 포함하는 보상체계를 수립하였으며, 평가기준에 미달하는 구성원들의 징계규정 또한 제정하였다.

한편, 회사는 성과평가 결과가 구성원들과 공유되어야 하며, 바람직한 행동을 유도할 수 있도록 보상 또는 징계의 형태로 실행되어야 한다는 것을 인지하였다.

따라서 평가기준에 미달하는 구성원은 평가기준 미달 원인이 회사의 위험을 감소시키는 사유라면, 징계를 감면해주고 인센티브를 지급하고 있다.

▶ 회사의 통제 테스트 방법

회사는 중점 고려사항인 개인의 성 평가, 보상 또는 징계조치를 테스트하기 위해 아래와 같은 절차를 수행하였다.

1. 내부회계관리제도 성과평가 지표 및 보상체계 징구 및 확인
2. 성과 평가기준에 미달한 구성원의 사유파악 내역 및 인센티브 지급 내역 징구 및 확인
3. 본 테스트 진행 시 예외사항이 있을 경우 원인을 규명하고, 원인 규명 및 조치결과에 대한 문서 검토

▶ 관련 문서

1. 내부회계관리제도 성과평가 지표 및 보상체계

2. 성과 평가기준에 미달한 구성원의 사유파악 내역 및 인센티브 지급
   내역
3. 예외사항이 있을 경우 원인 규명 및 결과 조치에 대한 문서

| 위험평가 관련 중점 고려사항 |

적합한 회계기준의 준수

▶ 회사의 통제내용 기술

회사는 다양한 외부 정보이용자들이 공시된 재무제표 및 재무정보를 목적 적합하게 사용할 수 있도록 관련 회계기준 및 외부 규제사항을 준수하여야 함을 인지하였다.

따라서 회사는 선택한 회계처리 방법은 회사에 적용 가능하고 적합하며, 회사의 사업환경에 타당한 회계원칙의 요구사항과 일관성을 가지며, 관련 회계기준, 지침 및 규정에 따라 작성되도록 하는 프로세스를 설계 및 운영하고 있다.

▶ 회사의 통제 테스트 방법

회사는 중점 고려사항인 적합한 회계기준의 준수를 테스트하기 위해 아래와 같은 절차를 수행하였다.

1. 회계처리 검토내역 징구 및 확인
2. 회계처리 검토내역의 재무담당이사 승인내역 징구 및 확인
3. 본 테스트 진행 시 예외사항이 있을 경우 원인을 규명하고, 원인 규명 및 조치결과에 대한 문서 검토

▶ 관련 문서

1. 회계처리 검토내역에 대한 상위권자 승인내역
2. 예외사항이 있을 경우 원인 규명 및 결과 조치에 대한 문서

▶ 회사의 통제내용 기술

회사는 회계기준에 따라 작성한 재무제표가 유용한 정보로써 갖추어야 할 질적특성을 반영하여 회사 내 거래와 사건의 실질을 반영해야 한다는 것을 인지하였다.

따라서 재무정보는 비교 가능성, 검증 가능성, 적시성 및 이해 가능성을 갖추며, 재무정보의 질적특성, 경영자 주장 및 중요성은 회계기준의 재무보고를 위한 개념체계 및 감사기준의 내용을 참조하는 프로세스를 설계 및 운영하고 있다.

▶ 회사의 통제 테스트 방법

회사는 중점 고려사항인 회사활동의 실질 반영을 테스트하기 위해 아래와 같은 절차를 수행하였다.

1. 회계기준에서 요구하는 비교 가능성, 검증 가능성 등을 높이기 위한 재무정보 검토내역 징구 및 확인
2. 작성된 재무정보에 대한 재무담당이사 승인내역 징구 및 확인
3. 본 테스트 진행 시 예외사항이 있을 경우 원인을 규명하고, 원인 규명 및 조치결과에 대한 문서 검토

▶ 관련 문서

1. 회계기준에서 요구하는 재무정보 검토내역
2. 재무정보 검토내역에 대한 상위권자 승인내역
3. 예외사항이 있을 경우 원인 규명 및 결과 조치에 대한 문서

중점 고려사항 23. 중요성 고려

▶ 회사의 통제내용 기술

회사는 당년도 회계처리 중점 검토내역을 산출하기 위해 중요성 기준이 필요하다는 것을 인지하였다.

따라서 회사는 세전 이익, 매출액, 질적요소 등을 고려하여 중요성을 산출하며, 중요성을 초과하는 중점 검토내역은 회계처리에 문제가 없는지 재검토를 진행하고 있다.

▶ 회사의 통제 테스트 방법

회사는 중점 고려사항인 중요성 고려를 테스트하기 위해 아래와 같은 절차를 수행하였다.

1. 중요성 산출내역 징구 및 확인
2. 중점 검토내역의 상위권자 승인내역 징구 및 확인
3. 본 테스트 진행 시 예외사항이 있을 경우 원인을 규명하고, 원인 규명 및 조치결과에 대한 문서 검토

▶ 관련 문서

1. 중요성 산출내역
2. 중점 검토내역의 상위권자 승인내역
3. 예외사항이 있을 경우 원인 규명 및 결과 조치에 대한 문서

회사 내 다양한 조직수준 고려

▶ 회사의 통제내용 기술

회사는 위험을 식별하고 분석하는 절차가 회사의 목적달성을 위한 필수적인 절차라는 것을 인지하였다.

따라서 회사는 전사수준 단위의 위험식별 및 업무수준 단위의 위험을 식별하는 프로세스를 구축하였으며, 각 단위별로 위험을 감소시킬 수 있는 통제절차를 구축 및 운영하고 있다.

▶ 회사의 통제 테스트 방법

회사는 중점 고려사항인 회사 내 다양한 조직수준 고려를 테스트하기 위해 아래와 같은 절차를 수행하였다.

1. 전사수준 단위의 위험을 식별하는 문서 징구 및 확인
2. 업무수준 단위의 위험을 식별하는 문서 징구 및 확인
3. 각 단위 수준의 위험을 감소시키기 위한 통제절차 확인
4. 본 테스트 진행 시 예외사항이 있을 경우 원인을 규명하고, 원인 규명 및 조치결과에 대한 문서 검토

▶ 관련 문서

1. 전사수준 단위의 위험을 식별하는 문서
2. 업무수준 단위의 위험을 식별하는 문서
3. 각 단위 수준의 위험을 감소시키기 위한 통제절차
4. 예외사항이 있을 경우 원인 규명 및 결과 조치에 대한 문서

외부 재무보고에 영향을 미치는 내부 및 외부요인 분석

▶ 회사의 통제내용 기술

회사는 전사수준 단위 및 업무수준 단위의 위험을 식별하기 위해 내·외부요인을 모두 고려하여야 한다는 것을 인지하였다.

따라서 회사는 아래의 내용을 포함하는 위험식별 가이드라인을 제정하고 운영하고 있다.

1. 재무보고에 영향을 미치는 외부요인

1) 경제 : 자금조달, 자본 가용성, 경쟁자의 진입 방어 등에 영향을 줄 수 있는 경제상황 변화

2) 자연환경 : 원자재 가용성 감소, 정보시스템 붕괴, 우발상황 등을 초래할 수 있는 자연재해 및 인재

3) 규제 : 기존 재무보고 내용에 변경을 필요로 하는 새로운 재무보고 기준이나 규정

4) 해외기업활동 : 해외 진출 국가의 정부변화로 인한 신규 법규, 규제 및 세금제도

5) 사회 : 제품개발, 생산공정, 고객서비스, 가격 및 보증제도에 영향을 미치는 고객의 요구사항 및 기대사항

6) 기술 : 데이터 이용, 인프라 비용 및 기술기반 서비스 수요에 영향을 미치는 기술적 발전

2. 재무보고에 영향을 미치는 내부요인

1) 인프라 : 회사 인프라의 운영 및 상시적 이용 가능성에 영향을

미칠 수 있는 자본 조달구조 결정

2) 경영구조 : 특정 통제활동 방식에 영향을 미칠 수 있는 경영진의 책임과 권한 변화

3) 인사 : 회사 내 통제활동 인식수준에 영향을 미칠 수 있는 인적 자원의 역량수준, 인사교육 및 동기부여 방침

4) 자산에 대한 접근 권한 : 회사 자산의 남용·횡령을 초래할 수 있는 조직 활동 성격 및 직원의 자산 접근 가능성

5) 기술 : 회사운영에 부정적 영향을 미칠 수 있는 정보시스템의 장애 등

▶ 회사의 통제 테스트 방법

회사는 중점 고려사항인 외부 재무보고에 영향을 미치는 내부 및 외부요인 분석을 테스트하기 위해 아래와 같은 절차를 수행하였다.

1. 위험식별 가이드라인 징구 및 확인

2. 위험식별 가이드라인에 따른 위험식별 현황표 징구 및 확인

3. 본 테스트 진행 시 예외사항이 있을 경우 원인을 규명하고, 원인 규명 및 조치결과에 대한 문서 검토

▶ 관련 문서

1. 위험식별 가이드라인

2. 위험식별 가이드라인에 따른 위험식별 현황표

3. 예외사항이 있을 경우 원인 규명 및 결과 조치에 대한 문서

중점 고려사항 26. 적절한 수준의 경영진 참여

▶ 회사의 통제내용 기술

회사는 위험 식별 가이드라인을 제정하였고, 위험을 식별한 이후에는 위험의 분석과 평가가 수행되어야 한다는 사실을 인지하였다.

따라서 회사, 본부, 부서에 있는 각 경영진 및 업무 담당자들은 식별된 위험을 감소시킬 수 있는 방안에 대한 검토를 수행하고 있다.

▶ 회사의 통제 테스트 방법

회사는 중점 고려사항인 적절한 수준의 경영진 참여를 테스트하기 위해 아래와 같은 절차를 수행하였다.

1. 식별된 위험 및 식별된 위험을 감소시킬 수 있는 방안 검토내역 징구 및 확인
2. 위험감소 실태 현황표 징구 및 확인
3. 본 테스트 진행 시 예외사항이 있을 경우 원인을 규명하고, 원인 규명 및 조치결과에 대한 문서 검토

▶ 관련 문서

1. 식별된 위험 및 식별된 위험을 감소시킬 수 있는 방안 검토내역
2. 위험감소 실태 현황표
3. 예외사항이 있을 경우 원인 규명 및 결과 조치에 대한 문서

▶ 회사의 통제내용 기술

회사는 위험분석 과정에서 회사의 목적 달성을 위해 식별된 위험의 중요성을 평가해야 한다는 것을 인지하였다.

따라서 회사는 중요성을 초과하는 위험에 대하여 재무담당이사 및 독립적인 제3자인 전문가의 검토를 받도록 하는 프로세스를 설계 및 운영하고 있다.

▶ 회사의 통제 테스트 방법

회사는 중점 고려사항인 식별된 위험의 중요성 평가를 테스트하기 위해 아래와 같은 절차를 수행하였다.

1. 식별된 위험, 식별된 위험을 감소시킬 수 있는 방안 검토내역 징구 및 확인
2. 중요성을 초과하는 위험에 대한 재무담당이사, 독립적인 제3자의 검토내역 징구 및 확인
3. 본 테스트 진행 시 예외사항이 있을 경우 원인을 규명하고, 원인 규명 및 조치결과에 대한 문서 검토

▶ 관련 문서

1. 식별된 위험 및 식별된 위험을 감소시킬 수 있는 방안 검토내역
2. 중요성을 초과하는 위험에 대한 재무담당이사의 검토내역
3. 예외사항이 있을 경우 원인 규명 및 결과 조치에 대한 문서

▶ **회사의 통제내용 기술**

회사는 중요성을 초과하는 위험에 대해서는 위험을 허용 가능한 수준 이하로 감소시키기 위해 대응방안을 검토하고 추가 통제활동을 구축하여야 함을 인지하였다.

따라서 회사는 위험 대응방안을 아래 범주에서 결정하고 있으며, 위험 대응방안에 따라 추가 통제활동을 구축하고 있다.

1. 수용 : 위험의 발생 가능성 또는 영향의 크기에 영향을 줄 수 있는 어떤 행동도 취하지 않는 것

2. 회피 : 특정 제품의 생산 및 판매 중단, 신규 시장 진출 축소, 특정 사업부 매각 등 위험을 발생시키는 활동을 중단하는 방안

3. 경감 : 가장 일상적으로 수행되는 위험 대응방안으로 위험의 발생 가능성이나 영향의 크기 혹은 모두를 줄이기 위한 조치

4. 공유 : 보험 가입, 공동 투자, 위험회피 거래 및 아웃소싱과 같이 위험의 일부분을 이전하거나 공유함으로써 위험 발생 가능성 또는 영향의 크기를 줄이는 방안

▶ **회사의 통제 테스트 방법**

회사는 중점 고려사항인 위험 대응 방안 결정을 테스트하기 위해 아래와 같은 절차를 수행하였다.

1. 식별된 위험, 위험 대응방안 검토내역 징구 및 확인

2. 위험 대응방안에 따른 추가 통제활동 구축내역 징구 및 확인

3. 본 테스트 진행 시 예외사항이 있을 경우 원인을 규명하고, 원인 규

명 및 조치결과에 대한 문서 검토

▶ 관련 문서

1. 식별된 위험 및 위험 대응방안 검토내역

2. 위험 대응 방안에 따른 추가 통제활동 구축내역

3. 예외사항이 있을 경우 원인 규명 및 결과 조치에 대한 문서

중점 고려사항 29. 다양한 부정의 유형고려

▶ 회사의 통제내용 기술

회사는 부정한 재무보고 및 회사자산의 보호, 부패와 관련한 위험 등 다양한 부정의 위험을 경감시킬 수 있는 프로세스가 필요하다는 것을 인지하였다.

따라서 회사는 독립적인 내부회계관리제도 전담부서를 통해 다양한 부정의 위험을 경감시킬 수 있는 프로세스를 구축하여 운영하고 있으며, 평가결과를 이사회 혹은 감사(위원회)가 검토하고 확인하는 절차를 구축 및 운영하고 있다.

▶ 회사의 통제 테스트 방법

회사는 중점 고려사항인 다양한 부정의 유형고려를 테스트하기 위해 아래와 같은 절차를 수행하였다.

1. 내부회계관리제도 전담부서의 위험식별 문서 징구 및 확인
2. 식별된 위험평가 결과의 이사회 혹은 감사(위원회)에 보고한 자료 징구 및 확인
3. 본 테스트 진행 시 예외사항이 있을 경우 원인을 규명하고, 원인 규명 및 조치결과에 대한 문서 검토

▶ 관련 문서

1. 내부회계관리제도 전담부서의 위험식별 문서
2. 식별된 위험평가 결과의 이사회 혹은 감사(위원회)에 보고한 자료
3. 예외사항이 있을 경우 원인 규명 및 결과 조치에 대한 문서

중점 고려사항 30. 유인과 압력의 평가

▶ 회사의 통제내용 기술

회사는 부정이란 동기(유인과 압력)와 실행할 수 있는 기회가 있어야 한다는 것을 인지하였다.

따라서 회사는 내부회계관리제도 전담부서를 통해 매 사업연도 초에 동기(유인과 압력)로 작용할 요소를 파악하고 있으며, 식별된 부정동기로 인한 재무제표의 영향을 검토하고 있다.

▶ 회사의 통제 테스트 방법

회사는 중점 고려사항인 유인과 압력의 평가를 테스트하기 위해 아래와 같은 절차를 수행하였다.

1. 내부회계관리제도 전담부서의 부정동기 파악내역 징구 및 확인
2. 식별된 부정동기로 인한 재무제표 영향 검토내역 징구 및 확인
3. 본 테스트 진행 시 예외사항이 있을 경우 원인을 규명하고, 원인 규명 및 조치결과에 대한 문서 검토

▶ 관련 문서

1. 내부회계관리제도 전담부서의 부정동기 파악내역
2. 식별된 부정동기로 인한 재무제표 영향 검토내역
3. 예외사항이 있을 경우 원인 규명 및 결과 조치에 대한 문서

▶ 회사의 통제내용 기술

회사는 부정이란 동기(유인과 압력)와 실행할 수 있는 기회가 있어야 한다는 것을 인지하였다.

따라서 회사는 내부회계관리제도 전담부서를 통해 매 사업연도 초에 부정을 실행할 수 있는 기회로 작용할 수 있는 요소를 파악하고 있으며, 부정기회로 인한 재무제표의 영향을 검토하고 있다.

▶ 회사의 통제 테스트 방법

회사는 중점 고려사항인 기회평가를 테스트하기 위해 아래와 같은 절차를 수행하였다.

1. 내부회계관리제도 전담부서의 부정기회 파악내역 징구 및 확인
2. 부정기회로 인한 재무제표 영향 검토내역 징구 및 확인
3. 본 테스트 진행 시 예외사항이 있을 경우 원인을 규명하고, 원인 규명 및 조치결과에 대한 문서 검토

▶ 관련 문서

1. 내부회계관리제도 전담부서의 부정기회 파악내역
2. 부정 회로 인한 재무제표 영향 검토내역
3. 예외사항이 있을 경우 원인 규명 및 결과 조치에 대한 문서

▶ 회사의 통제내용 기술

회사는 구성원들의 부정에 대한 태도, 자기합리화 등의 가치관이 부정위험을 증가시킬 수 있다는 것을 인지하였다.

따라서 회사는 아래의 내용을 포함하여 매 분기별 부정 관련 교육을 진행하고 있다.

1. 회사 자산의 사용을 '차용'이라 여기고, 해당 자산을 '상환'하려는 의도
2. 직무 불만족 사항(급여, 업무 환경 및 대우 등)에 기인한 피해의식
3. 사회통념 및 신의에 반하는 자신의 행동으로 비롯될 영향에 대한 무지 및 무관심

▶ 회사의 통제 테스트 방법

회사는 중점 고려사항인 태도와 합리화에 대한 평가를 테스트하기 위해 아래와 같은 절차를 수행하였다.

1. 부정 관련 교육내역 징구 및 확인
2. 본 테스트 진행 시 예외사항이 있을 경우 원인을 규명하고, 원인 규명 및 조치결과에 대한 문서 검토

▶ 관련 문서

1. 부정 관련 교육내역
2. 예외사항이 있을 경우 원인 규명 및 결과 조치에 대한 문서

외부환경 변화의 평가

▶ 회사의 통제내용 기술

회사는 외부환경 변화가 내부회계관리제도의 설계 및 운영에 영향을 미칠 수 있다는 사실을 인지하였다.

따라서 회사는 아래의 내용을 포함하여 내부회계관리제도 설계 및 운영에 대한 검토를 진행하고 있다.

1. 외부환경의 변화 : 규제환경 또는 경제환경의 변화는 회사의 경쟁에 대한 압박의 증가, 사업 요구사항의 변경 등 기존과는 상당히 다른 위험들을 초래할 수 있으므로, 회사는 이러한 외부환경의 변화가 내부회계관리제도의 설계 및 운영에 미치는 영향을 검토하여야 한다.

2. 물리적 환경의 변화 : 회사 및 공급망, 다른 협력업체에게 직접적인 영향을 미치는 자연재해가 회사의 내부회계관리제도에 미칠 수 있는 영향을 고려하여야 한다.

▶ 회사의 통제 테스트 방법

회사는 중점 고려사항인 외부환경 변화의 평가를 테스트하기 위해 아래와 같은 절차를 수행하였다.

1. 내부회계관리제도 전담부서의 외부환경 변화에 대한 검토내역 징구 및 확인

2. 외부환경 변화에 따른 내부회계관리제도 개선방안 징구 및 확인

3. 본 테스트 진행 시 예외사항이 있을 경우 원인을 규명하고, 원인 규명 및 조치결과에 대한 문서 검토

▶ 관련 문서

1. 내부회계관리제도 전담부서의 외부환경 변화에 대한 검토내역

2. 외부환경 변화에 따른 내부회계관리제도 개선방안

3. 예외사항이 있을 경우 원인 규명 및 결과 조치에 대한 문서

▶ 회사의 통제내용 기술

회사는 사업모델 변화가 내부회계관리제도의 설계 및 운영에 영향을 미칠 수 있다는 사실을 인지하였다.

따라서 회사는 아래의 내용을 포함하여 매 분기별 내부회계관리제도 설계 및 운영에 대한 검토를 진행하고 있다.

1. 사업모델의 변화 : 회사가 새로운 사업에 진입하거나, 새로운 아웃 소싱 계약을 통하여 서비스 제공방식을 변경하거나, 기존 사업영역 의 구성을 급격하게 변경하는 경우, 이전에 효과적이었던 내부회계 관리제도는 더 이상 효과적이지 않을 수 있다.

   또한, 내부회계관리제도를 구축하기 위한 기반으로 최초에 평가된 위험 구성요소가 변경되거나, 위험의 잠재적 영향이 증가하는 경우 기존의 통제활동이 변화된 상황에 적용하기에는 충분하지 않을 수 있다.

2. 중요한 사업인수 또는 매각 : 회사가 사업 부문을 인수하고자 할 때, 확장된 회사 전체 관점에서 내부회계관리제도를 검토하고 표준 화할 필요가 있다. 사업부문 인수 전에 구축되어 있던 통제활동은 새로 통합된 회사에는 적합하지 않을 수 있다.

   더불어, 이와 유사하게 일부 사업이 처분되는 경우, 해당 사업과 관 련된 통제활동은 더 이상 효용성이 없어질 수도 있다. 사업부문을 인수 또는 매각하는 경우, 회사는 새롭게 구성된 조직의 목적달성 을 지원하는 데 적합하도록 통제활동을 검토하고 개선할 필요가 있 다.

3. 해외영업 : 해외로 사업부문을 확장 또는 해외사업을 인수하는 경우 새로운 위험 또는 해당 사업장과 관련된 특정 위험을 수반한다. 또한, 새로운 지역에서 사업을 개발하거나 해외에 사업 운영을 아웃소싱하는 것은 사업을 성장시키거나 비용을 절감하는 데 도움을 줄 수 있으나, 동시에 새로운 도전에 직면하게 되어 위험의 유형과 범위가 변경될 수 있다.

4. 급속한 성장 : 사업운영이 급격한 속도로 확장되는 경우, 기존의 조직구조, 업무프로세스, 정보시스템 및 자원의 한계로 통제활동 수행이 원활하지 않을 수 있다.

5. 새로운 기술 : 새로운 기술이 재화 생산 또는 용역제공 프로세스 및 정보시스템에 적용될 경우 통제활동에도 수정·변경이 필요할 수 있다.

▶ 회사의 통제 테스트 방법

회사는 중점 고려사항인 사업모델 변화의 평가를 테스트하기 위해 아래와 같은 절차를 수행하였다.

1. 내부회계관리제도 전담부서의 사업모델 변화에 대한 검토내역 징구 및 확인

2. 사업모델 변화에 따른 내부회계관리제도 개선방안 징구 및 확인

3. 본 테스트 진행 시 예외사항이 있을 경우 원인을 규명하고, 원인 규명 및 조치결과에 대한 문서 검토

▶ 관련 문서

1. 내부회계관리제도 전담부서의 사업모델 변화에 대한 검토내역

2. 사업모델 변화에 따른 내부회계관리제도 개선방안

3. 예외사항이 있을 경우 원인 규명 및 결과 조치에 대한 문서

중점 고려사항 35. 리더십 변화의 평가

▶ 회사의 통제내용 기술

회사는 핵심 인원이 이탈될 경우, 회사의 목적달성에 유의적인 위험이 있을 수 있음을 인지하였다.

따라서 핵심 인원이 수행하는 역할에 공백이 발생하더라도 회사의 목적달성에 지장이 없다는 것을 확신할 수 있도록 업무 승계계획(승계와 관련된 비상계획 포함)을 수립하여 대비하고 있다.

▶ 회사의 통제 테스트 방법

회사는 중점 고려사항인 리더십 변화의 평가를 테스트하기 위해 아래와 같은 절차를 수행하였다.

1. 핵심 인원에 대한 업무 승계계획 징구 및 확인
2. 본 테스트 진행 시 예외사항이 있을 경우 원인을 규명하고, 원인 규명 및 조치결과에 대한 문서 검토

▶ 관련 문서

1. 핵심 인원에 대한 업무 승계계획
2. 예외사항이 있을 경우 원인 규명 및 결과 조치에 대한 문서

| 정보 및 의사소통 관련 중점 고려사항 |

중점 고려사항 36. 정보 요구사항의 식별

▶ 회사의 통제내용 기술

회사는 효과적인 정보란 수립된 목적을 달성함에 있어 구성원 각자의 역할을 이해할 수 있도록 요약해 제시되어야 하며, 요약된 정보는 완전한 정보를 원천해야 한다는 것을 인지하였다.

따라서 특정 수준의 정보나 요구사항에 부합하는 정보를 제공함에 있어 정보의 원천을 표기하여 각 담당부서장에게 승인을 받는 프로세스를 구축 및 운영하고 있다.

▶ 회사의 통제 테스트 방법

회사는 중점 고려사항인 정보 요구사항의 식별을 테스트하기 위해 아래와 같은 절차를 수행하였다.

1. 정보의 완전성을 확인하기 위한 IPE Test 문서 징구 및 확인
2. 엑셀 등 수기조정 항목의 완전성을 확인하기 위한 EUC Test 문서 징구 및 확인
3. 본 테스트 진행 시 예외사항이 있을 경우 원인을 규명하고, 원인 규명 및 조치결과에 대한 문서 검토

▶ 관련 문서

1. IPE Test 및 EUC Test 문서
2. 예외사항이 있을 경우 원인 규명 및 결과 조치에 대한 문서

내부 및 외부의 데이터 원천 포착

▶ 회사의 통제내용 기술

회사는 내·외부의 다양한 원천을 통해 다양한 형식으로 내부회계관리제도와 관련한 정보를 얻을 수 있으며, 데이터 원천에는 다음과 같은 것들이 있음을 인지하였다.

내부데이터 예시	내부데이터의 원천 예시
회사 조직의 변화정보	발송된 이메일
생산제품의 소요시간 및 품질정보	제조공정의 생산기록
프로젝트별 발생시간	개인별 작업시간 관리 시스템
제품별 월별 배송 수량	생산(혹은 재고) 시스템의 출하기록
경영진의 업무처리 방식에 대한 불만	내부고발제도의 기록

외부데이터 예시	외부데이터의 원천 예시
외주업체의 직접 배송한 제품 수량	외주업체가 제공한 제품별 세부 배송 데이터
경쟁자 제품정보 등	업종별 조사보고서
신규 법규 및 규제사항	관련 규제 당국
뇌물수수	내부고발제도의 기록

따라서 회사는 정보의 완전성을 확인하기 위한 IPE Test를 진행할 시 상기의 정보 원천이 포함되도록 하는 프로세스를 구축하였다.

▶ 회사의 통제 테스트 방법

회사는 중점 고려사항인 내부 및 외부의 데이터 원천 포착을 테스트하기 위해 아래와 같은 절차를 수행하였다.

1. 정보의 완전성을 확인하기 위한 IPE Test 문서 징구 및 확인
2. 엑셀 등 수기조정 항목의 완전성을 확인하기 위한 EUC Test 문서 징구 및 확인
3. 본 테스트 진행 시 예외사항이 있을 경우 원인을 규명하고, 원인 규명 및 조치결과에 대한 문서 검토

▶ 관련 문서

1. 정보의 완전성을 확인하기 위한 IPE Test 문서
2. 엑셀 등 수기조정 항목의 완전성을 확인하기 위한 EUC Test 문서
3. 예외사항이 있을 경우 원인 규명 및 결과 조치에 대한 문서

관련 있는 데이터를 의미 있는 정보로 변환

▶ 회사의 통제내용 기술

회사는 내·외부에서 취득한 데이터를 취합하여 의미 있고 이용 가능한 정보로 전환할 수 있는 정보시스템이 필요함을 인지하였다. 정보시스템은 회사의 내부 프로세스 및 외부서비스제공자가 수행하는 프로세스를 지원하는 정보기술뿐만 아니라 임직원, 세부 프로세스, 데이터 등을 포함한다.

따라서 회사는 수집한 데이터를 토대로 의미 있고 이용 가능한 정보로 전환되는 정보시스템을 도입하였으며, 구축된 정보시스템의 산출물과 수집한 데이터를 비교하여 정보의 완전성을 확인하는 프로세스를 구축 및 운영하고 있다.

▶ 회사의 통제 테스트 방법

회사는 중점 고려사항인 관련 있는 데이터를 의미 있는 정보로 변환을 테스트하기 위해 아래와 같은 절차를 수행하였다.

1. 정보의 완전성을 확인하기 위한 IPE Test 문서 징구 및 확인
2. 정보시스템의 산출물과 IPE Test 상의 데이터를 비교 대사하는 검토내역 징구 및 확인
3. 본 테스트 진행 시 예외사항이 있을 경우 원인을 규명하고, 원인 규명 및 조치결과에 대한 문서 검토

▶ 관련 문서

1. 정보의 완전성을 확인하기 위한 IPE Test 문서

2. 정보시스템의 산출물과 IPE Test 상의 데이터를 비교 대사하는 검토내역

3. 예외사항이 있을 경우 원인 규명 및 결과 조치에 대한 문서

정보처리 과정에서 품질의 유지, 관리

▶ 회사의 통제내용 기술

회사의 정보시스템은 아래와 같은 요인에 의해 정보품질에 영향을 미친다는 것을 인지하였다.

1. 접근 가능성 : 정보를 필요로 하는 임직원이 쉽게 정보를 얻을 수 있다.

2. 정확성 : 기초 데이터는 정확하고 완전하다.

3. 현재성 : 데이터는 필요한 주기에 따라 최신의 원천으로부터 수집된다.

4. 보안성 : 민감한 정보에 대한 접근은 권한이 부여된 직원으로 한정된다.

5. 보존성 : 외부기관의 질의나 조사에 대응하기 위해 일정기간 동안 정보를 사용할 수 있다.

6. 충분성 : 정보 요구사항에 맞는 충분한 정보가 있으며 적절한 수준으로 상세히 기재되어 있다. 과도한 데이터는 비효율 및 오용을 피하기 위해 정리된다.

7. 적시성 : 정보가 필요한 시점에 정보시스템에서 해당 정보를 이용할 수 있다.

8. 유효성 : 정보는 검증된 원천에서 취득하고 정해진 절차에 따라 수집하며, 실제 발생한 사건에 근거한다

9. 입증 가능성 : 정보는 원천으로부터 얻은 증거에 의해 뒷받침된다.

따라서 회사는 정보시스템 완전성 체크리스트를 제정하였으며, 정보

보안팀은 정보시스템을 평가하는 프로세스를 구축 및 운영하고 있다.

▶ 회사의 통제 테스트 방법

회사는 중점 고려사항인 정보처리 과정에서 품질의 유지, 관리를 테스트하기 위해 아래와 같은 절차를 수행하였다.

1. 정보시스템 완전성 체크리스트 징구 및 확인
2. 정보보안팀의 정보시스템 평가문서 징구 및 확인
3. 본 테스트 진행 시 예외사항이 있을 경우 원인을 규명하고, 원인 규명 및 조치결과에 대한 문서 검토

▶ 관련 문서

1. 정보시스템 완전성 체크리스트
2. 정보보안팀의 정보시스템 평가문서
3. 예외사항이 있을 경우 원인 규명 및 결과 조치에 대한 문서

비용과 효익고려

▶ **회사의 통제내용 기술**

회사는 정보의 완전성 및 신뢰성에 대해 비용과 효익을 고려해야 한다는 것을 인지하였다.

따라서 회사는 질적요소를 고려하여 중요성을 산출하고, 중요성을 초과하는 핵심 통제절차와 관련된 정보에 대해서는 완전성 및 신뢰성을 평가하는 프로세스를 구축 및 운영하고 있다.

▶ **회사의 통제 테스트 방법**

회사는 중점 고려사항인 비용과 효익고려를 테스트하기 위해 아래와 같은 절차를 수행하였다.

1. 중요성 산출내역 징구 및 확인
2. 중요성을 초과하는 핵심 통제절차의 선정내역 징구 및 확인
3. 정보의 완전성 및 신뢰성 평가내역 징구 및 확인
4. 본 테스트 진행 시 예외사항이 있을 경우 원인을 규명하고, 원인 규명 및 조치결과에 대한 문서 검토

▶ **관련 문서**

1. 중요성 산출내역
2. 중요성을 초과하는 핵심 통제절차 정보의 선정내역
3. 정보의 완전성 및 신뢰성 평가내역
4. 예외사항이 있을 경우 원인 규명 및 결과 조치에 대한 문서

▶ 회사의 통제내용 기술

회사는 내부 의사소통을 활성화하기 위한 정책과 절차를 수립하고 실행해야 함을 인지하였다.

따라서 회사는 아래의 내용을 구성원들에게 공유하는 프로세스를 운영하고 있으며, 내부회계관리제도 프로그램의 Q&A를 통해 구성원들의 질의 및 건의사항을 토대로 내부회계관리제도를 개선하고 있다.

1. 임직원들의 내부회계관리제도 책임의 수행을 지원하는 정책과 절차
2. 효과적인 내부회계관리제도의 중요성, 목적 적합성 및 효익
3. 통제활동을 수행하는 경영진 및 직원들의 역할과 책임
4. 통제의 미비점 사례를 포함한 내부회계관리제도 관련 중요한 문제가 회사 내·외부에 원활하게 의사소통될 것이라는 사실

▶ 회사의 통제 테스트 방법

회사는 중점 고려사항인 내부회계관리제도 정보에 대한 의사소통을 테스트하기 위해 아래와 같은 절차를 수행하였다.

1. 내부회계관리제도 프로그램의 공지사항 징구 및 확인
2. 내부회계관리제도 Q&A 게시판 현황 징구 및 확인
3. 본 테스트 진행 시 예외사항이 있을 경우 원인을 규명하고, 원인 규명 및 조치결과에 대한 문서 검토

▶ 관련 문서

1. 내부회계관리제도 프로그램의 공지사항

2. 내부회계관리제도 Q&A 게시판 현황

3. 예외사항이 있을 경우 원인 규명 및 결과 조치에 대한 문서

▶ 회사의 통제내용 기술

회사는 내부회계관리제도 운영기관인 경영진 및 감독기관인 이사회, 구성원들 간의 의사소통이 필요하다는 것을 인지하였다.

따라서 회사는 내부회계관리제도 프로그램상 내부회계관리제도 문제점 및 수정·개선상황, 평가결과를 업로드하며, 이에 대한 피드백을 통해 내부회계관리제도를 지속해서 개선하고 있다.

▶ 회사의 통제 테스트 방법

회사는 중점 고려사항인 경영진과 이사회 간의 의사소통을 테스트하기 위해 아래와 같은 절차를 수행하였다.

1. 내부회계관리제도 프로그램 커뮤니티 징구 및 확인
2. 내부회계관리제도 개선사항, 평가결과 징구 및 확인
3. 본 테스트 진행 시 예외사항이 있을 경우 원인을 규명하고, 원인 규명 및 조치결과에 대한 문서 검토

▶ 관련 문서

1. 내부회계관리제도 프로그램 커뮤니티
2. 내부회계관리제도 개선사항, 평가결과
3. 예외사항이 있을 경우 원인 규명 및 결과 조치에 대한 문서

별도의 의사소통 라인 제공

▶ 회사의 통제내용 기술

회사는 내부회계관리제도 채널이 효과적이지 못한 상황에서는 익명 또는 비밀이 보장되는 독립된 의사소통 채널이 필요할 수 있다는 것을 인지하였다.

따라서 회사는 내부회계관리제도 프로그램상 익명 또는 내부회계관리제도 전담부서로 직연결이 가능한 비밀 게시판을 운영하여, 횡령, 위법, 업무방해 등의 윤리강령 위반에 따른 신고제도를 운영하고 있다.

▶ 회사의 통제 테스트 방법

회사는 중점 고려사항인 별도의 의사소통 라인 제공을 테스트하기 위해 아래와 같은 절차를 수행하였다.

1. 내부회계관리제도 익명 게시판 현황 징구 및 확인
2. 익명 게시판을 통한 신고내역 및 조치사항 징구 및 확인
3. 본 테스트 진행 시 예외사항이 있을 경우 원인을 규명하고, 원인 규명 및 조치결과에 대한 문서 검토

▶ 관련 문서

1. 내부회계관리제도 익명 게시판 현황
2. 익명게시판을 통한 신고내역 및 조치사항
3. 예외사항이 있을 경우 원인 규명 및 결과 조치에 대한 문서

▶ 회사의 통제내용 기술

회사는 의사소통 과정에서 의도한 바를 정확히 전달하기 위해서는 전달하는 정보의 명확성과 전달방식의 효과성이 중요하다는 것을 인지하였다.

따라서 회사는 의사소통의 상대방, 성격, 적시성, 비용, 기타 법적 요건을 고려하여 의사소통 방법을 결정하였다.

1. 구두로 전달하는 의사소통 : 구두로 의사소통을 하는 경우, 전달자의 어조 및 비언어적인 단서를 통해 메시지의 중요성을 강조할 수 있으며 이를 통해 수신자의 이해도를 높일 수 있다.

2. 다양성이 존재하는 그룹과의 의사소통 : 문화적 또는 윤리적 차이, 연령대 등의 다양성은 메시지의 전달방식이나 수용성에 영향을 미칠 수 있다.

3. 내부회계관리제도 효과성에 관련된 의사소통 : 직접적으로 내부회계관리제도의 효과성에 관련된 의사소통을 하는 경우, 해당 내용을 문서화한다.

4. 긴급한 의사소통 : 전달하는 정보의 기밀성이나 보관성이 별도로 요구되지 않는 경우에는 비공식적인 채널(예: 이메일, 문자메시지 및 SNS)을 통한 즉각적인 의사소통이 효과적일 수 있다.

5. 공식적 의사소통 : 공식적인 방식(예: 공문)을 통해 의사소통을 하는 경우, 임직원들이 의도한 상대방과 의사소통이 이루어지지 않을 수 있고, 비공식적 의사소통 방식에 익숙한 상대인 경우에는 메시지에 대한 피드백을 구하기 어려울 수 있다.

▶ 회사의 통제 테스트 방법

회사는 중점 고려사항인 적절한 의사소통 방법 선택을 테스트하기 위해 아래와 같은 절차를 수행하였다.

1. 의사소통라인 현황 징구 및 확인
2. 의사소통라인의 효율성, 효과성 검토내역 징구 및 확인
3. 본 테스트 진행 시 예외사항이 있을 경우 원인을 규명하고, 원인 규명 및 조치결과에 대한 문서 검토

▶ 관련 문서

1. 의사소통라인 현황
2. 의사소통라인의 효율성 및 효과성 검토내역
3. 예외사항이 있을 경우 원인 규명 및 결과 조치에 대한 문서

중점 고려사항 45. 외부관계자와의 의사소통

▶ 회사의 통제내용 기술

회사는 회사 내부의 정보를 외부관계자와 의사소통함으로써, 외부관계자와 회사 간 상호작용에 영향을 미칠 수 있는 사건, 활동, 환경에 대한 상대방의 이해를 제고할 수 있음을 인지하였다.

따라서 회사는 개방된 의사소통 채널을 통하여 회사 내부의 유의적인 정보를 외부관계자에게 전달하고 있다.

▶ 회사의 통제 테스트 방법

회사는 중점 고려사항인 외부관계자와의 의사소통을 테스트하기 위해 아래와 같은 절차를 수행하였다.

1. 개방된 의사소통 채널라인 징구 및 확인
2. 개발된 의사소통 채널을 통한 유의적인 정보 공유 현황 징구 및 확인
3. 본 테스트 진행 시 예외사항이 있을 경우 원인을 규명하고, 원인 규명 및 조치 결과에 대한 문서 검토

▶ 관련 문서

1. 개방된 의사소통 채널라인 현황
2. 개발된 의사소통 채널을 통한 유의적인 정보 공유 현황
3. 예외사항이 있을 경우 원인 규명 및 결과 조치에 대한 문서

외부로부터의 의사소통

▶ 회사의 통제내용 기술

회사는 외부 관계자와의 의사소통을 통해 내부회계관리제도의 기능을 개선시킬 수 있다는 것을 인지하였다.

따라서 회사는 아래의 내용을 포함하여 외부관계자와의 의사소통 채널을 운영하고 있다.

1. 회사의 재무보고와 관련된 외부서비스제공자의 내부통제에 대한 독립적인 평가
2. 회사의 내부회계관리제도에 대한 독립적인 외부감사인의 평가
3. 제품의 품질, 부적절한 대금 청구, 분실되거나 오류가 있는 영수증 등과 관련한 고객의 피드백
4. 신규 또는 변경된 법률, 규정, 표준 및 기타 요구사항
5. 규제기관(금융감독원, 국세청 등 관계기관)의 규정준수 관련 검토 및 조사 결과
6. 판매된 제품에 대한 대금회수 지연 또는 납품대금 미납과 관련된 구매처의 문의사항
7. 회사가 운영하는 소셜미디어 웹사이트 또는 의사소통 채널에 기재된 내용

▶ 회사의 통제 테스트 방법

회사는 중점 고려사항인 외부로부터의 의사소통을 테스트하기 위해 아래와 같은 절차를 수행하였다.

1. 개방된 의사소통 채널라인 징구 및 확인

2. 개발된 의사소통 채널을 통한 유의적인 정보 공유 현황 징구 및 확인

3. 본 테스트 진행 시 예외사항이 있을 경우 원인을 규명하고, 원인 규명 및 조치 결과에 대한 문서 검토

▶ 관련 문서

1. 개방된 의사소통 채널라인 현황
2. 개발된 의사소통 채널을 통한 유의적인 정보공유 현황
3. 예외사항이 있을 경우 원인 규명 및 결과 조치에 대한 문서

이사회와의 의사소통

▶ 회사의 통제내용 기술

회사는 내부회계관리제도와 관련된 회사의 활동에 대한 외부평가로부터 얻어진 정보에 대하여 경영진이 검토하고 이사회와 의사소통하는 프로세스가 필요하다는 것을 인지하였다.

따라서 회사는 내부회계관리제도 미비점의 심각성을 평가하고 이사회가 감독책임을 수행할 수 있도록 필요한 정보를 보고하는 프로세스를 구축 및 운영하고 있다.

▶ 회사의 통제 테스트 방법

회사는 중점 고려사항인 이사회와의 의사소통을 테스트하기 위해 아래와 같은 절차를 수행하였다.

1. 내부회계관리제도 미비점 평가내역 징구 및 확인
2. 내부회계관리제도 운영실태보고서 징구 및 확인
3. 본 테스트 진행 시 예외사항이 있을 경우 원인을 규명하고, 원인 규명 및 조치결과에 대한 문서 검토

▶ 관련 문서

1. 내부회계관리제도 미비점 평가내역
2. 내부회계관리제도 운영실태보고서
3. 예외사항이 있을 경우 원인 규명 및 결과 조치에 대한 문서

▶ 회사의 통제내용 기술

회사는 내부 구성원들과 외부관계자들의 상호 의존적인 거래관계로 인하여 사업관계의 복잡성이 증가할 수 있음을 인지하였다.

따라서 회사는 고객, 구매처 등의 외부관계자들이 이용할 수 있는 별도의 분리된 의사소통 채널을 구축하여 내부 구성원들과 직접적인 의사소통을 하는 프로세스를 구축 및 운영하고 있다.

▶ 회사의 통제 테스트 방법

회사는 중점 고려사항인 별도의 의사소통 라인 제공을 테스트하기 위해 아래와 같은 절차를 수행하였다.

1. 외부관계자들의 별도 의사소통 라인 징구 및 확인
2. 위법행위, 컴플레인 등의 신고내역에 따른 징벌현황표 징구 및 확인
3. 본 테스트 진행 시 예외사항이 있을 경우 원인을 규명하고, 원인 규명 및 조치결과에 대한 문서 검토

▶ 관련 문서

1. 외부 관계자들의 별도 의사소통 라인 현황
2. 위법행위, 컴플레인 등의 신고내역에 따른 징벌현황표
3. 예외사항이 있을 경우 원인 규명 및 결과 조치에 대한 문서

▶ 회사의 통제내용 기술

회사는 의사소통 내용의 의도한 바를 정확히 전달하기 위해서는 전달하는 정보의 명확성과 전달방식의 효과성이 중요하다는 사실을 인지하였다.

따라서 회사는 의사소통의 상대방, 성격, 적시성, 비용, 기타 법적 요건을 고려하여 의사소통 방법을 결정하였다.

1. 구두로 전달하는 의사소통 : 구두로 의사소통을 하는 경우, 전달자의 어조 및 비언어적인 단서를 통해 메시지의 중요성을 강조할 수 있으며 이를 통해 수신자의 이해도를 높일 수 있다.

2. 다양성이 존재하는 그룹과의 의사소통 : 문화적 또는 윤리적 차이, 연령대 등의 다양성은 메시지의 전달 방식이나 수용성에 영향을 미칠 수 있다.

3. 내부회계관리제도 효과성에 관련된 의사소통 : 직접적으로 내부회계관리제도의 효과성에 관련된 의사소통을 하는 경우, 해당 내용을 문서화한다.

4. 긴급한 의사소통 : 전달하는 정보의 기밀성이나 보관성이 별도로 요구되지 않는 경우에는 비공식적인 채널(예: 이메일, 문자메시지 및 SNS)을 통한 즉각적인 의사소통이 효과적일 수 있다.

5. 공식적 의사소통 : 공식적인 방식(예: 공문)을 통해 의사소통을 하는 경우, 임직원들이 의도한 상대방과 의사소통이 이루어지지 않을 수 있고, 비공식적 의사소통 방식에 익숙한 상대인 경우에는 메시지에 대한 피드백을 구하기 어려울 수 있다.

▶ 회사의 통제 테스트 방법

회사는 중점 고려사항인 적절한 의사소통 방법 선택을 테스트하기 위해 아래와 같은 절차를 수행하였다.

1. 의사소통라인 현황 징구 및 확인
2. 의사소통라인의 효율성, 효과성 검토내역 징구 및 확인
3. 본 테스트 진행 시 예외사항이 있을 경우 원인을 규명하고, 원인 규명 및 조치 결과에 대한 문서 검토

▶ 관련 문서

1. 의사소통라인 현황
2. 의사소통라인의 효율성 및 효과성 검토내역
3. 예외사항이 있을 경우 원인 규명 및 결과 조치에 대한 문서

| 모니터링 관련 중점 고려사항 |

중점 고려사항 50. 상시적인 모니터링과 독립적인 평가의 결합 고려

▶ 회사의 통제내용 기술

회사는 내부회계관리제도의 5가지 구성요소가 존재하고 적절히 기능하고 있는지 확신을 얻기 위해 상시적인 모니터링과 독립적인 평가가 필요하다는 것을 인지하였다.

따라서 회사는 모니터링 활동의 조합을 선정하는 절차를 수립하였으며, 내부회계관리제도 구성요소의 각 원칙들이 효과적으로 설계 및 운영되는지 평가하고 있다.

▶ 회사의 통제 테스트 방법

회사는 중점 고려사항인 상시적인 모니터링과 독립적인 평가의 결합 고려를 테스트하기 위해 아래와 같은 절차를 수행하였다.

1. 5가지 구성요소의 기능성에 대한 평가내역 징구 및 확인
2. 통제활동의 효율성, 효과성에 대한 검토내역 징구 및 확인
3. 본 테스트 진행 시 예외사항이 있을 경우 원인을 규명하고, 원인 규명 및 조치 결과에 대한 문서 검토

▶ 관련 문서

1. 내부회계관리제도 구성요소의 기능성에 대한 평가내역
2. 통제활동의 효율성, 효과성에 대한 검토내역
3. 예외사항이 있을 경우 원인 규명 및 결과 조치에 대한 문서

중점 고려사항 51. 변화의 정도 고려

▶ 회사의 통제내용 기술

회사는 회사 또는 회사가 속한 산업군의 환경변화와 관련하여 변화의 정도를 파악하여야 한다는 것을 인지하였다.

따라서 회사는 환경변화의 정도를 파악하고, 이에 대응되는 내부회계 관리제도를 지속해서 개선하는 프로세스를 구축 및 운영하고 있다.

▶ 회사의 통제 테스트 방법

회사는 중점 고려사항인 변화의 정도 고려를 테스트하기 위해 아래와 같은 절차를 수행하였다.

1. 회사가 속한 환경의 변화를 검토한 내역 징구 및 확인
2. 환경변화에 따른 내부회계관리제도 개선안 징구 및 확인
3. 본 테스트 진행 시 예외사항이 있을 경우 원인을 규명하고, 원인 규명 및 조치 결과에 대한 문서 검토

▶ 관련 문서

1. 회사 환경의 변화를 검토한 내역
2. 환경변화에 따른 내부회계관리제도 개선안
3. 예외사항이 있을 경우 원인 규명 및 결과 조치에 대한 문서

출발점의 설정

▶ 회사의 통제내용 기술

회사는 내부회계관리제도를 설계한 방식과 5가지 구성요소의 통제활동들이 원칙을 어떻게 효과적으로 달성하고 있는지를 이해함으로써 회사 내 어떠한 영역에 더 중요한 위험이 있는지 판단할 수 있는 기준을 마련할 수 있으며, 상시적인 모니터링과 독립적인 평가계획 수립에 도움을 줄 수 있다는 사실을 인지하였다.

따라서 회사는 내부회계관리제도 5가지 구성요소 내에서 변화가 발생할 경우, 현재 모니터링 활동이 적절한지, 아니면 변화한 사항에 맞게 수정·개선되어야 할지 평가하기 위해 내부회계관리제도 설계 및 운영현황에 대한 출발점을 설정하고 있다.

▶ 회사의 통제 테스트 방법

회사는 중점 고려사항인 출발점의 설정을 테스트하기 위해 아래와 같은 절차를 수행하였다.

1. 내부회계관리제도 설계, 운영현황 징구 및 확인
2. 내부회계관리제도 출발점 설정내역 징구 및 확인
3. 본 테스트 진행 시 예외사항이 있을 경우 원인을 규명하고, 원인 규명 및 조치 결과에 대한 문서 검토

▶ 관련 문서

1. 내부회계관리제도 설계 및 운영현황, 출발점 설정내역
2. 예외사항이 있을 경우 원인 규명 및 결과 조치에 대한 문서

중점 고려사항 53. 충분한 지식을 갖춘 인력 활용

▶ 회사의 통제내용 기술

회사는 내부회계관리제도 구성요소가 존재하고 기능하는지 평가하기 위해서는 평가자의 적절한 적격성 및 객관성이 필요하다는 사실을 인지하였다.

따라서 회사는 평가자의 적격성 및 객관성을 향상시키기 위해, 매 분기별 평가자들의 교육을 진행하고 있으며, 특정 기간마다 평가자들을 로테이션하는 제도를 운영하고 있다.

▶ 회사의 통제 테스트 방법

회사는 중점 고려사항인 충분한 지식을 갖춘 인력 활용을 테스트하기 위해 아래와 같은 절차를 수행하였다.

1. 평가자들의 교육현황 징구 및 확인
2. 평가자들의 로테이션현황 징구 및 확인
3. 본 테스트 진행 시 예외사항이 있을 경우 원인을 규명하고, 원인 규명 및 조치 결과에 대한 문서 검토

▶ 관련 문서

1. 평가자들의 교육현황
2. 평가자들의 로테이션현황
3. 예외사항이 있을 경우 원인 규명 및 결과 조치에 대한 문서

업무프로세스와의 통합

▶ 회사의 통제내용 기술

회사는 회사의 상황 및 업무프로세스의 변화에 따라 모니터링 활동 또한 조정되어야 한다는 사실을 인지하였다.

따라서 회사는 회사의 상황 및 업무프로세스의 변화에 따라 모니터링 활동을 포함하여 내부회계관리제도를 개선하고 있으며, 동 개선사항을 구성원들에게 공유하는 프로세스를 구축 및 운영하고 있다.

▶ 회사의 통제 테스트 방법

회사는 중점 고려사항인 업무프로세스와의 통합을 테스트하기 위해 아래와 같은 절차를 수행하였다.

1. 업무프로세스 현황표 징구 및 확인
2. 업무프로세스 현황표와 내부회계관리제도 매핑내역 징구 및 확인
3. 본 테스트 진행 시 예외사항이 있을 경우 원인을 규명하고, 원인 규명 및 조치 결과에 대한 문서 검토

▶ 관련 문서

1. 업무프로세스 현황표
2. 업무프로세스 현황표와 내부회계관리제도 매핑내역
3. 예외사항이 있을 경우 원인 규명 및 결과 조치에 대한 문서

범위와 빈도 조정

▶ 회사의 통제내용 기술

회사는 내부회계관리제도에 내재된 위험의 중요성에 따라 평가범위와 빈도를 달리해야 한다는 사실을 인지하였다.

따라서 회사는 질적 요소를 고려한 중요성을 산출하여, 중요성을 초과하는 내부회계관리제도는 평가범위 및 빈도를 달리 적용하고 있다.

▶ 회사의 통제 테스트 방법

회사는 중점 고려사항인 범위와 빈도조정을 테스트하기 위해 아래와 같은 절차를 수행하였다.

1. 중요성 산출내역 징구 및 확인
2. 중요도에 따른 평가범위 및 빈도적용에 대한 기준 징구 및 확인
3. 본 테스트 진행 시 예외사항이 있을 경우 원인을 규명하고, 원인 규명 및 조치 결과에 대한 문서 검토

▶ 관련 문서

1. 중요성 산출내역
2. 중요도에 따른 평가범위 및 빈도적용에 대한 기준
3. 예외사항이 있을 경우 원인 규명 및 결과 조치에 대한 문서

▶ 회사의 통제내용 기술

회사는 객관적인 피드백을 제공하기 위해 주기적으로 독립적인 평가가 수행되어야 한다는 사실을 인지하였다.

따라서 회사는 내부회계관리제도 전담부서를 운영하여 독립적으로 평가를 수행하는 프로세스를 구축 및 운영하고 있다.

▶ 회사의 통제 테스트 방법

회사는 중점 고려사항인 객관적인 평가를 테스트하기 위해 아래와 같은 절차를 수행하였다.

1. 내부회계관리제도 전담부서 운영현황표 징구 및 확인
2. 내부회계관리제도 전담부서 평가현황표 징구 및 확인
3. 본 테스트 진행 시 예외사항이 있을 경우 원인을 규명하고, 원인 규명 및 조치 결과에 대한 문서 검토

▶ 관련 문서

1. 내부회계관리제도 전담부서 운영현황표
2. 내부회계관리제도 전담부서 평가현황표
3. 예외사항이 있을 경우 원인 규명 및 결과 조치에 대한 문서

▶ 회사의 통제내용 기술

회사는 상시적인 모니터링 및 독립적인 평가 등의 모니터링 활동을 수행함으로써 주의가 필요한 사항들을 식별할 수 있다는 사실을 인지하였다.

따라서 회사는 신뢰성 있는 재무보고 목적달성에 부정적 영향을 미치는 잠재적인 문제점 또는 실제 발생한 결함(통제 미비점)을 파악하는 프로세스를 운영하고 있다. 더불어 회사는 잠재적인 문제점 또는 실제 발생한 결함을 종합하여 내부회계관리제도를 평가하고 있다.

▶ 회사의 통제 테스트 방법

회사는 중점 고려사항인 결과평가를 테스트하기 위해 아래와 같은 절차를 수행하였다.

1. 내부회계관리제도 운영실태보고서 징구 및 확인
2. 내부회계관리제도 예외사항 집계표 징구 및 확인
3. 본 테스트 진행 시 예외사항이 있을 경우 원인을 규명하고, 원인 규명 및 조치 결과에 대한 문서 검토

▶ 관련 문서

1. 내부회계관리제도 운영실태보고서
2. 내부회계관리제도 예외사항 집계표
3. 예외사항이 있을 경우 원인 규명 및 결과 조치에 대한 문서

미비점 의사소통

▶ 회사의 통제내용 기술

회사는 내부회계관리제도 통제 미비점에 대해 내·외부와 의사소통하여 개선사항을 도출하는 것은 내부회계관리제도 목적을 달성하기 위해 중요한 사항이라는 사실을 인지하였다.

따라서 회사는 내부회계관리제도 통제 미비점이 발견되었을 경우, 외감법 및 내부회계관리제도 평가, 보고 모범규준 등을 고려하여 통제 미비점의 처리, 개선, 보고하는 프로세스를 운영하고 있다.

▶ 회사의 통제 테스트 방법

회사는 중점 고려사항인 미비점 의사소통을 테스트하기 위해 아래와 같은 절차를 수행하였다.

1. 내부회계관리제도 예외사항 집계표 징구 및 확인
2. 내부회계관리제도 예외사항 개선사항 이행표 징구 및 확인
3. 본 테스트 진행 시 예외사항이 있을 경우 원인을 규명하고, 원인 규명 및 조치 결과에 대한 문서 검토

▶ 관련 문서

1. 내부회계관리제도 예외사항 집계표
2. 내부회계관리제도 예외사항 개선사항 이행표
3. 예외사항이 있을 경우 원인 규명 및 결과 조치에 대한 문서

▶ 회사의 통제내용 기술

회사는 내부회계관리제도 통제 미비점의 개선을 위한 노력이 시의적절하게 수행되는지 점검해야 한다는 사실을 인지하였다.

따라서 회사는 통제 미비점의 개선을 수행하는 자와 이를 점검하는 자를 분리하여 운영하여 통제 미비점을 개선하고 있으며, 적시에 개선조치가 이루어지지 않은 통제 미비점은 내부회계관리제도 전담부서에 보고하며, 경영진은 개선조치가 완료될 때까지 모니터링 활동을 지속적으로 수행하는 프로세스를 운영하고 있다.

▶ 회사의 통제 테스트 방법

회사는 중점 고려사항인 개선활동에 대한 모니터링 활동을 테스트하기 위해 아래와 같은 절차를 수행하였다.

1. 내부회계관리제도 통제 미비점 개선사항 이행표 징구 및 확인
2. 내부회계관리제도 모니터링 현황표 징구 및 확인
3. 본 테스트 진행 시 예외사항이 있을 경우 원인을 규명하고, 원인 규명 및 조치 결과에 대한 문서 검토

▶ 관련 문서

1. 내부회계관리제도 통제 미비점 개선사항 이행표
2. 내부회계관리제도 모니터링 현황표
3. 예외사항이 있을 경우 원인 규명 및 결과 조치에 대한 문서

V -4. Step 3. 업무수준 통제 설계

| 통제활동 관련 중점 고려사항 |

통제활동 관련 중점 고려사항은 대부분 업무수준 단위에서 고려가 되어야 하는 것들을 기술하고 있다.

달리 말하면, 통제활동 관련 중점 고려사항은 업무수준 단위에서 구현이 되는 것이며, 업무수준 단위에서 구현이 되지 않는 활동은 전사수준 단위에서 구현을 하는 것이다.

회사의 상황에 따라 다를 수 있겠지만, 본서에서는 이해를 도모하기 위해 임의로 전사수준 단위, 업무수준 단위를 구분하여 표기하였으니, 참고하기 바란다.

또한, 내부회계관리제도란 3가지 목적(운영목적, 보고목적, 법규준수목적)을 달성하기 위해, 5가지 구성요소(통제환경, 위험평가, 통제활동, 정보 및 의사소통, 모니터링) 및 17가지 원칙은 실무적으로 '전사수준 통제'와 '업무수준 통제'로 구분하여 '구현'하는 것이며, '구현'은 1) 전사수준 통제기술서, 2) 업무수준 통제기술서, 3) 업무흐름도, 4) 업무기술서로 표현된다고 서술한 바 있으니, 이를 기억하길 바란다.

▶ 위험평가와의 통합 구현 시 고려사항

통제활동은 모든 내부회계관리제도의 구성요소를 지원하지만, 특히 위험평가 절차와 연계된다.

위험평가 결과와 함께 회사는 특정 위험에 대응하기 위하여 필요한 효과적인 대응방안을 식별하고 설계하여야 하며, 일반적으로 통제활동은 회사가 특정 위험을 수용하거나 회피하는 것을 선택할 때에는 필요하지 않다.

그러나 회사가 위험을 회피하지 않기로 결정하고 이를 위한 통제활동을 설계하기로 결정하는 경우, 위험을 감소시키거나 분산시키려는 이러한 행동은 통제활동을 선택하고 설계할 때 고려되어야 한다.

한편, 위험에 대한 대응 및 관련된 통제활동의 성격과 범위는 경영진이 허용할 수 있는 위험의 수준에 영향을 받을 것이다.

▶ 회사의 통제 테스트 구현 방법

상기 고려사항을 요약하자면 아래와 같을 것이다.

1. 회사의 활동과 관련하여 특정 위험을 식별한다.
2. 회사는 식별된 특정 위험에 대응하기 위하여 대응방안을 식별하고 설계한다.

상기 2가지는 회사의 활동을 기술한 '업무기술서', 활동과 관련하여 특정 위험을 식별하고, 이를 대응하기 위한 통제방안을 기술한 '업무수준 통제기술서', 업무기술서와 업무수준 통제기술서를 도식화한 '업무흐름도'로 구현할 수 있을 것이다.

▶ **관련 문서**
1. 업무기술서
2. 업무수준 통제기술서
3. 업무흐름도

중점 고려사항 61. 회사의 고유한 요인 고려**(업무수준 단위)**

▶ 회사의 고유한 요인 고려 구현 시 고려사항

각 회사는 그 회사만의 목적과 접근방식을 가지고 있기 때문에 목적, 위험, 위험에 대한 대응방식, 관련된 통제활동이 각기 다를 것이다.

더불어 두 회사가 동일한 목적과 구조를 갖고 있다 하더라도 통제활동은 다를 수 있다. 각 회사는 내부통제에 영향을 미치는 각기 다른 결정을 하고, 다른 능력을 보유한 인원에 의해 운영되기 때문이다.

더욱이 통제활동은 조직의 복잡성, 역사, 문화, 성격, 사업영역뿐만 아니라 회사가 속한 환경 및 산업이 반영되어야 한다.

한편, 내부회계관리제도를 지원하기 위해 필요한 통제활동에 영향을 미치는 회사의 고유한 요인은 다음과 같다.

1. 회사의 환경과 복잡성, 영업활동의 성격과 범위는 통제활동에 영향을 미친다.
2. 규제를 많이 받는 회사일수록 일반적으로 그렇지 않은 회사보다 복잡한 위험평가 절차 및 통제활동을 설계한다.
3. 여러 나라에 걸쳐서 다양한 영업활동을 수행하는 회사는 내수 중심의 단순한 영업활동을 수행하는 회사보다 더 복잡한 통제활동을 설계한다.
4. 복잡한 ERP 시스템을 사용하는 회사는 간단한 범용소프트웨어를 사용하는 회사와는 다른 통제활동을 설계한다.

5. 영업활동이 분산되어 있고 지역적인 자율성이 강조되는 회사는 영업활동이 유사하고 높은 수준으로 중앙화되어 있는 회사와 다른 통제환경에 놓여 있다.

▶ 회사의 통제 테스트 구현 방법

상기 고려사항을 요약하자면 아래와 같을 것이다.

1. 통제활동은 조직의 복잡성, 역사, 문화, 성격, 사업영역 및 회사가 속한 환경 및 산업을 반영해야 한다.
2. 회사의 시스템에 따라 다른 통제활동이 고려되어야 한다.
3. 영업활동의 분권화, 중앙화에 따라 다른 통제활동이 고려되어야 한다.

회사의 활동을 기술한 '업무기술서', 활동과 관련하여 특정 위험을 식별하고, 이를 대응하기 위한 통제방안을 기술한 '업무수준 통제기술서', 업무기술서와 업무수준 통제기술서를 도식화한 '업무흐름도'는 회사의 상황에 따라 다른 것이며, 이는 위에서 언급한 3가지 모두를 포함하는 개념이다.

즉, 회사 상황에 맞는 '업무기술서' 및 '업무수준 통제기술서', '업무흐름도'를 기술 및 구현한다면 중점 고려사항인 '회사의 고유한 요인 고려'를 구축할 수 있을 것이다.

▶ 관련 문서

1. 업무기술서

2. 업무수준 통제기술서

3. 업무흐름도

관련 있는 업무프로세스 결정(업무수준 단위)

▶ 관련 있는 업무프로세스 결정 구현 시 고려사항

위험을 감소시키기 위하여 어떤 통제활동을 설계할 것인지 결정할 때, 경영진은 유사한 통제활동이 필요한 업무프로세스, 정보기술, 지역 등을 고려하여야 하며, 이러한 경우 공유서비스센터shared service center, 데이터 센터, 아웃소싱업체에서 수행되는 기능과 같이 회사의 업무부서 밖에서 운영되는 통제활동을 고려할 필요가 있을 것이다.

▶ 회사의 통제 테스트 구현 방법

앞서 설명한 중점 고려사항 61번에 기술한 내용과 동일하므로, 추가 설명을 생략하도록 한다.

▶ 관련 문서

1. 업무기술서
2. 업무수준 통제기술서
3. 업무흐름도

▶ 통제유형의 조합 구현 시 고려사항

회사는 아래와 같이 다양한 유형의 거래통제를 선택하고 구축할 수 있다.

1. 승인 : 승인은 거래가 유효하다는 사실을 확인하는 것으로, 일반적으로 상위 경영진이 거래의 유효성을 검증 및 확인하는 형식을 취한다.

2. 검증 : 두 개 이상의 항목을 서로 비교하거나 회사정책과 비교하여, 두 항목이 일치하지 않거나 회사정책에 부합하지 않을 때 후속조치를 수행할 수 있다.

3. 물리적 통제 : 설비, 재고자산, 유가증권, 현금 및 기타 자산은 물리적으로 안전하게 보관되며, 주기적으로 점검되고, 기록된 수량과 비교·대사하는 것을 의미한다.

4. 기준정보 관리통제 : 가격 마스터 파일과 같은 기준정보는 종종 업무프로세스상 거래처리를 지원하는 데 사용되며, 회사는 기준정보의 정확성, 완전성 및 유효성을 관리하는 프로세스에 대한 통제활동을 설계할 수 있다.

5. 대사 : 대사는 두 개 이상의 데이터를 비교하는 것으로, 차이가 발견될 경우 해당 차이 내역의 소명을 위한 조치가 취해진다. 대사는 일반적으로 거래처리의 완전성 및 정확성과 관련된다.

6. 감독통제 : 감독통제는 다른 거래통제(즉, 특정한 검증, 대사, 승인, 기준정보 관리통제, 물리적 통제)가 완전하고, 정확하며, 정책 및 절차에 따라 수행되었는지 평가하는 것으로, 일반적으로 위험이 높은 거래에 대

하여 감독통제를 선택하고 구축한다.

통제활동은 수행시기에 따라 예방통제 또는 적발통제로 구분할 수 있으며, 회사는 일반적으로 두 가지 유형을 조합하여 통제활동을 설계한다.

예방통제는 의도하지 않은 사건 또는 결과가 애초에 발생하는 것을 피하기 위해 설계되며, 적발통제는 최초의 거래가 발생한 이후 최종 목적이 종료되기 전에 의도하지 않은 사건 또는 결과를 발견하기 위하여 설계된다.

두 가지 통제활동의 중요한 부분은 의도하지 않은 사건 또는 결과를 수정하거나 피하기 위한 행위라는 점이다.

한편, 통제활동을 선택하고 구축하는 경우, 회사는 통제활동의 정교함precision을 고려하여야 한다. 즉, 통제활동이 어느 정도 정교한 수준으로 의도하지 않은 사건 또는 결과를 예방 또는 적발할 것인지를 고려하여야 할 것이다.

▶ 회사의 통제 테스트 구현 방법

상기 고려사항을 요약하자면 아래와 같을 것이다.

1. 회사의 활동과 관련하여 통제 범주는 승인, 검증, 물리적 통제, 기준정보 관리통제, 대사, 감독통제가 있을 것이다.

2. 통제활동은 예방통제 및 적발통제가 존재하며, 예방통제는 애초에

의도하지 않은 사건이 발생하는 것을 피하기 위한 통제활동이며, 적발통제의 경우 의도하지 않은 사건이 발생한 것을 발견하기 위한 통제활동이다.

상기 2가지 통제활동은 활동과 관련하여 특정 위험을 식별하고, 이를 대응하기 위한 통제방안을 기술한 '업무수준 통제기술서'를 구현하면서 고려해야 할 요소이며, 6가지의 거래통제(승인, 검증, 물리적 통제, 기준정보 관리통제, 대사, 감독통제)를 바탕으로 효과적인 통제방법을 구현해야 할 것이다.

더불어, 의도하지 않은 사건이 발생한 적발통제보다는, 의도하지 않은 사건이 애초에 발생하는 것을 피하는 예방통제가 더 효과적인 통제활동일 것이다.

▶ 관련 문서
1. 업무수준 통제기술서
2. 업무흐름도

다양한 수준의 통제활동 적용 고려(전사수준 및 업무수준 단위)

▶ 다양한 수준의 통제활동 적용 고려 구현 시 고려사항

회사는 거래수준에서 운영되는 통제활동 이외에도 광범위하게 그리고 일반적으로 더 상위 수준에서 운영되는 통제활동과의 조합을 선택하고 구축한다. 상위 수준의 통제활동 예로는 업무 데이터 또는 재무 데이터의 비교를 포함하는 업무성과 검토가 있을 수 있다.

회사의 재무보고 위험을 감소시키기 위한 계층화된 접근방법을 제공하기 위해 거래통제와 업무성과 검토는 함께 운영되어야 하며, 대부분의 업무성과 검토는 일반적으로 거래가 발생하여 처리된 이후에 수행되기 때문에 적발통제이다.

즉, 통제활동을 조합할 때 상위수준의 통제도 중요하지만, 거래통제 없이 업무프로세스의 위험을 효과적으로 다루기는 어렵다.

▶ 회사의 통제 테스트 구현 방법

상기 고려사항은 '전사수준 단위통제와 업무수준 단위통제를 함께 운영한다면 업무 프로세스의 위험을 효과적으로 다룰 수 있을 것이다.'라고 요약할 수 있을 것이다.

이는 지속해서 설명한 내용이니, 추가 설명은 생략하도록 하겠다.

▶ 관련 문서

1. 전사수준 통제기술서

2. 업무수준 통제기술서

▶ 업무분장 고려 구현 시 고려사항

통제활동을 선택하고 구축할 때, 경영진은 오류 또는 부정과 관련된 행위가 발생할 위험을 줄이기 위하여 담당자별로 업무가 배분되거나 분리되어 있는지 고려하여야 하며, 이를 고려할 때는 법적 환경, 규제의 요구사항, 이해관계자의 기대가 포함되어야 할 것이다.

업무분장은 일반적으로 거래의 기록, 거래승인 및 관련 자산의 보관에 대한 책임을 분리하는 것을 의미하며, 업무분장은 경영진의 통제 무시와 관련된 중요한 위험을 감소시킬 수 있을 것이다.

업무분장은 한 사람이 독단적으로 처리할 가능성을 완전히 방지할 수는 없지만, 상당 부분 줄여주기 때문에 부정위험을 감소시키는 데 필수적이다. 관련된 담당자가 공모하지 않으면 부정을 저지르기가 매우 어렵기 때문이다. 또한 업무분장은 두 명 이상이 프로세스상 거래를 수행하거나 검토하도록 함으로써 오류를 감소시키고, 오류가 발견될 가능성을 증가시킨다.

한편, 업무분장이 실용적이지 않거나, 비용대비 효율이 낮고 실행 가능하지 않을 수 있다. 이러한 경우 경영진은 대체적인 통제활동의 설계를 고려하여야 할 것이다.

▶ 회사의 통제 테스트 구현 방법

상기 고려사항을 요약하자면 아래와 같을 것이다.

1. 회사의 위험을 분산하기 위하여 담당자별로 업무가 배분되거나 분리되어 있는지를 고려하여야 한다.
2. 업무분장이 비효율적이라면, 대체적인 통제활동의 설계를 고려하여야 한다.

상기 2가지는 회사 구성원들의 업무분장 현황표를 징구하여, 위험이 집중되어 있는 구성원의 업무를 파악하고, 이를 분리함으로써 위험을 분산할 수 있다는 것이다.

달리 말하면, 핵심 통제제도에 대한 권한은 가급적 분산하는 것이 위험을 낮출 수 있는 방법일 것이다.

▶ 관련 문서

1. 내부회계관리제도 규정
2. 업무분장 현황표

업무프로세스에서 사용되는 정보기술과 정보기술 일반통제 간 의존도 결정(전사수준 단위)

▶ 업무프로세스에서 사용되는 정보기술과 정보기술 일반통제 간 의존도 결정 구현 시 고려사항

자동통제를 포함하여 업무프로세스에 사용되는 정보기술의 신뢰성은 정보기술 일반통제로 불리는 정보기술에 대한 통제활동의 선택, 구축, 운영에 따라 달라질 것이다.

시스템 도입 및 개발에 대한 정보기술 일반통제는 시스템이 최초에 개발될 때 자동통제가 적절히 작동하는지에 대한 확신을 제공하며, 정보기술 일반통제는 시스템 구축 이후에 지속해서 정보시스템의 적절한 운영에 대한 확신을 제공한다.

회사의 다른 부문과 마찬가지로 회사의 정보시스템과 관련된 프로세스 및 통제활동도 선택되고, 설계되고, 운영되고, 유지되어야 한다.

회사는 내부회계관리제도 목적달성을 위해 재무보고 프로세스와 연관된 정보기술 프로세스와 일반통제로 그 범위를 한정할 수 있으며, 이러한 프로세스와 통제활동은 외부업체에서 구매한 간단한 범용소프트웨어를 사용하는 경우에 보다 간단하게 관리될 수 있고, 자체 개발한 시스템과 외부에서 개발된 시스템을 동시에 활용하는 경우에는 관리해야 할 영역이 확장될 수도 있을 것이다.

더불어 선택되어 설계된 통제활동은 정보기술 프로세스의 활용에 대한 구체적인 위험을 완화하는 데 도움을 줄 것이다.

▶ 회사의 통제 테스트 구현 방법

상기 고려사항을 요약하자면 아래와 같을 것이다.

1. 정보시스템의 신뢰성은 정보시스템에 대한 통제활동의 선택, 구축, 운영에 따라 달라진다.
2. 정보시스템과 관련된 프로세스 및 통제활동도 선택되고, 설계되고, 운영되고, 유지되어야 한다.

상기 2가지는 앞서 설명한 중점 고려사항 36~40에서 설명한 바 있으니, 추가 설명은 생략하도록 하겠다.

▶ 관련 문서

1. 정보의 완전성을 확인하기 위한 IPE Test 문서
2. 엑셀 등 수기조정 항목의 완전성을 확인하기 위한 EUC Test 문서
3. 정보시스템 완전성 체크리스트
4. 정보보안팀의 정보시스템 평가문서

정보기술 인프라 통제활동 수립(전사수준 단위)

▶ 정보기술 인프라 통제활동 수립 구현 시 고려사항

정보기술은 사내 네트워크, 각종 애플리케이션 시스템의 운영기반이 되는 각종 시스템 및 전원장치 등의 인프라 구조를 필요로 하며, 동 인프라 구조는 회사 내의 다른 업무부문과 공유하거나, 독립된 서비스 제공업체에 아웃소싱할 수 있고, 클라우드 컴퓨팅과 같이 장소에 구애받지 않는 서비스를 활용할 수도 있다.

회사는 이와 같이 미래에 지속될 기술활용의 광범위한 변화 가능성에 대하여 검토하고 새롭게 발생하는 위험에 대하여 평가할 필요가 있으며, 회사는 정보기술 처리의 완전성, 정확성 및 이용 가능성을 달성할 수 있는 정책, 절차 및 통제활동을 구축하고 적용하여야 할 것이다.

시스템 운영의 지속성을 확보할 수 있는 장애관리 절차와 시스템 중단과 관련된 위험과 동 위험이 미치는 영향의 정도에 따라 백업, 복구절차 및 재해복구절차 등이 포함될 수 있을 것이다.

▶ 회사의 통제 테스트 구현 방법

정보기술 인프라 통제활동 수립은 앞서 설명한 중점 고려사항 36~40에서 설명한 바 있으니, 추가 설명은 생략하도록 하겠다.

▶ 관련 문서

1. 정보의 완전성을 확인하기 위한 IPE Test 문서

2. 엑셀 등 수기조정 항목의 완전성을 확인하기 위한 EUC Test 문서

3. 정보시스템 완전성 체크리스트

4. 정보보안팀의 정보시스템 평가문서

▶ **보안관리 프로세스에 대한 통제활동 수립 구현 시 고려사항**

보안관리는 애플리케이션 시스템의 거래를 처리할 수 있는 권한을 포함하여 회사의 정보기술에 대한 접근권한을 누가 어떤 수준으로 보유하고 있는지에 대한 프로세스 및 통제활동을 의미한다.

일반적으로 데이터베이스, 운영체제, 네트워크, 애플리케이션 시스템 및 물리적 접근권한을 관리하며, 접근권한에 대한 보안 통제활동은 부적절한 접근권한 부여 및 인가되지 않은 시스템 사용을 방지하며, 업무 분장이 잘 이뤄질 수 있도록 지원한다.

시스템의 인가되지 않은 사용 및 변경을 방지함으로써 악의적인 의도 또는 단순한 오류로부터 데이터 및 프로그램의 무결성을 보호할 수 있으며, 이는 오늘날의 서로 긴밀하게 연결된 업무 환경에서 외부위협은 일반적인 현상이기 때문에, 이러한 위험에 대처하기 위한 지속적인 노력이 필요할 것이다.

내부 위협은 회사시스템과 프로세스에 익숙하여 관련 접근권한을 보유한 퇴직자나 불만을 가진 임직원에 의해 발생할 수 있으며, 정보기술에 대한 사용자의 접근은 일반적으로 승인된 사용자 계정에 기반한 인증 통제활동을 통하여 제어될 수 있다. 즉, 정보기술 일반통제는 오직 인증된 사용자만 시스템 접근이 가능하도록 설계되어야 할 것이다.

이러한 통제활동은 일반적으로 직무책임에 상응하도록 인증된 사용자에게만 시스템 접근권한을 허용하고, 적절한 업무분장을 유지하기 위한 정책이 적용될 수 있도록 지원한다.

회사는 승인된 인원에 대해서만 접근요청을 검토하고, 직무나 역할의 변경이나 퇴사에 따른 접근권한을 변경하는 통제활동을 구축하고 적용할 수 있으며, 회사의 정책에 따라 접근권한이 적절하게 유지되고 있는지를 확인하기 위한 정기적인 검토절차도 고려되어야 할 것이다.

▶ 회사의 통제 테스트 구현 방법
상기 고려사항을 요약하자면 아래와 같을 것이다.
1. 시스템의 접근권한을 통해 인가되지 않은 사용 및 변경을 방지함으로써 악의적인 의도 또는 오류로부터 시스템의 무결성을 보호할 수 있다.
2. 시스템의 접근권한은 지속적으로 업데이트되어야 하며, 보안위협은 내부와 외부로부터 모두 발생할 수 있다.

상기 2가지는 앞서 설명한 중점 고려사항 36~40, 65에서 설명한 바 있으니, 추가 설명은 생략하도록 하겠다.

▶ 관련 문서
1. 내부회계관리제도 규정 및 업무분장 현황표
2. 백업, 복구절차 등의 정보시스템 관리규정

정보기술의 취득, 개발 및 유지보수 프로세스에 대한 통제수립(전사수준 단위)

▶ 정보기술의 취득, 개발 및 유지보수 프로세스에 대한 통제수립 구현 시 고려사항

정보기술 일반통제는 정보기술의 취득, 개발, 유지보수 활동을 지원하며, 정보기술 개발방법론은 정보기술의 취득, 개발, 유지보수 활동과 관련하여 시스템 설계 및 구축, 특정 개발단계에 대한 개요, 문서화 요건, 승인체계, 점검항목에 대한 통제활동의 구조를 제공한다.

동 방법론은 변경 요청사항의 정합성 검토와 승인, 변경된 사항에 대한 검토와 승인, 테스트 결과, 변경이 적절히 이루어졌는지 판단하기 위한 이관절차 등을 포함하는 정보기술 변경의 적절한 통제활동을 제공한다.

어떤 회사에서는 개발방법론이 대규모의 개발 프로젝트부터 아주 작은 변경까지 포괄하는 경우도 있고, 다른 회사에서는 새로운 정보기술을 도입하는 프로세스와 변화관리 프로세스를 별도로 설계하기도 할 것이다. 다만, 어떤 경우라도 변화관리 프로세스는 변화의 시작부터 최종 적용까지의 일련의 과정을 추적할 수 있도록 설계될 것이다.

개발방법론에 포함되는 정보기술 일반통제의 정도는 정보기술의 위험에 따라 다를 것이며, 대규모의 복잡한 개발이 진행된 경우 일반적으

로 소규모 또는 단순한 개발보다 높은 위험을 가질 것이다.

자체개발의 대안으로 범용소프트웨어를 사용할 수 있을 것이며, 범용소프트웨어는 허용된 커스터마이징의 정도 및 해당 소프트웨어의 신뢰성 및 범용성에 따라 위험이 달라지며, 범용소프트웨어의 선정과 도입에 대한 통제활동을 구축하고 적용하여야 할 것이다.

또 다른 대안은 아웃소싱이다. 원칙적으로 내부에서 통제가 적용되든 혹은 아웃소싱업체에 의하여 통제가 적용되든 상관없이 동일한 고려사항이 적용되어야 하나, 아웃소싱을 하는 경우 고려해야 할 특수한 위험이 존재하여 종종 아웃소싱업체와 주고받는 정보의 완전성, 정확성, 유효성에 대한 추가적인 통제를 선택하여 구축할 필요가 있을 것이다.

▶ 회사의 통제 테스트 구현 방법

정보기술의 취득, 개발 및 유지보수 프로세스에 대한 통제수립은 앞서 설명한 중점 고려사항 36~40에서 설명한 바 있으니, 추가 설명은 생략하도록 하겠다.

▶ 관련 문서

1. 정보시스템 완전성 체크리스트
2. 정보보안팀의 정보시스템 평가문서

경영진의 지침 전달을 지원하기 위한 정책 및 절차 수립(전사수준 단위)

▶ 경영진의 지침 전달을 지원하기 위한 정책 및 절차 수립 구현 시 고려사항

정책은 효과적인 내부통제를 적용하기 위해 수행되어야 할 경영진의 지시사항을 반영하며, 이러한 내용은 공식적으로 문서화되어 공유되거나, 경영진의 활동 및 의사결정 과정에 내재되어 있기도 한다.

절차는 이러한 정책을 실행하기 위한 구체적인 활동들로 구성되며, 통제활동은 특히 목적달성을 저해하는 위험을 적절한 수준으로 감소시키기 위한 정책 및 절차와 밀접한 관계를 가질 것이다.

▶ 회사의 통제 테스트 구현 방법

경영진의 지침전달을 지원하기 위한 정책 및 절차 수립은 앞서 설명한 중점 고려사항 41~44에서 설명한 바 있으니, 추가 설명은 생략하도록 하겠다.

▶ 관련 문서

1. 내부회계관리제도 프로그램의 공지사항
2. 내부회계관리제도 Q&A 게시판 현황

정책과 절차의 적용을 위한 책임확립과 담당자의 지정(전사수준 단위)

▶ 정책과 절차의 적용을 위한 책임확립과 담당자의 지정 구현 시 고려사항

정책 및 절차는 종종 구두상으로 의사소통되며, 문서화되지 않은 정책도 그 정책이 오래 지속되어 온 관행이고, 소수의 경영진에 의한 밀접한 관리 감독이 가능한 소규모의 조직에서는 효과적일 수도 있다.

문서화되지 않은 정책이 일부 회사에서는 비용측면의 효과적인 대안이 될 수는 있지만, 우회되기 쉽고, 담당자의 변경이 잦은 경우에는 오히려 관련 비용이 증가하고 책임성도 낮아질 수 있을 것이다.

외부기관과 관련된 정책 및 절차는 공식적으로 문서화되는 것이 바람직하며, 공식적인 문서화 여부와 상관없이 정책은 반드시 조직 및 하부조직의 관리자의 역할 및 책임을 명확하게 설정하여야 할 것이다.

정책의 구체적인 절차는 통제활동을 수행하는 담당자의 책임을 명확히 하여야 하며, 정책은 사려 깊고 신중하게 적용하여야 하고 관련된 절차는 적격한 임직원들에 의해 적시에 성실하고 지속적으로 수행되어야 할 것이다.

▶ 회사의 통제 테스트 구현 방법

정책과 절차의 적용을 위한 책임 확립과 담당자의 지정은 앞서 설명한 중점 고려사항 16~20, 41~44에서 설명한 바 있으니, 추가 설명은 생략하도록 하겠다.

▶ 관련 문서

1. 의사소통라인 현황

2. 의사소통라인의 효율성 및 효과성 검토내역

3. 내부회계관리제도 평가내역

4. 내부회계관리제도 평가결과에 따른 상벌규정

통제활동의 적시 수행(전사수준 단위)

▶ 통제활동의 적시 수행 구현 시 고려사항

회사의 절차에는 통제활동 및 필요한 개선조치가 수행되어야 하는 시기가 포함되어야 하며, 적시에 수행되지 못하는 절차는 통제활동의 유용성을 감소시킬 수 있다.

▶ 회사의 통제 테스트 구현 방법

통제활동의 적시 수행은 앞서 설명한 중점 고려사항 59에서 설명한 바 있으니, 추가 설명은 생략하도록 하겠다.

▶ 관련 문서

1. 내부회계관리제도 통제 미비점 개선사항 이행표
2. 내부회계관리제도 모니터링 현황표

▶ 개선조치 이행 구현 시 고려사항

통제활동을 수행함에 있어서, 추가 검토가 필요한 것으로 확인된 사안은 조사하고, 필요한 경우 적절한 방식의 개선조치를 취하여야 한다.

▶ 회사의 통제 테스트 구현 방법

개선조치 이행은 앞서 설명한 중점 고려사항 59에서 설명한 바 있으니, 추가 설명은 생략하도록 하겠다.

▶ 관련 문서

1. 내부회계관리제도 통제 미비점 개선사항 이행표
2. 내부회계관리제도 모니터링 현황표

중점 고려사항 74. 적격성 있는 담당자의 수행(전사수준 단위)

▶ 적격성 있는 담당자의 수행 구현 시 고려사항

일반적으로 잘 설계된 통제활동이라 하더라도 해당 통제활동을 수행할 수 있는 충분한 권한을 가진 적격성 있는 담당자 없이는 제대로 수행될 수 없을 것이다.

통제활동을 수행하기 위하여 요구되는 적격성의 수준은 통제활동 자체의 복잡성, 관련된 거래의 복잡성과 규모 등의 사항에 따라 다를 것이며, 관련된 위험을 지속해서 반영하지 못하고, 단순히 기존의 절차를 반복하는 것은 유용하지 않을 것이다.

적절한 방식의 개선조치를 취하는 것을 포함하여 통제의 모든 측면을 완전하게 수행하기 위한 충분한 권한이 필요할 것이다.

▶ 회사의 통제 테스트 구현 방법

적격성 있는 담당자의 수행은 앞서 설명한 중점 고려사항 13에서 설명한 바 있으니, 추가 설명은 생략하도록 하겠다.

▶ 관련 문서

1. 적격성 교육자료
2. 적격성 평가자료

정책, 절차 및 통제활동의 주기적인 재평가(전사수준 단위)

▶ 정책, 절차 및 통제활동의 주기적인 재평가 구현 시 고려사항

경영진은 회사의 위험 또는 목적의 중요한 변화에 대응하는 것과 별개로 정책, 절차 및 이와 관련된 통제활동이 지속적으로 유효한 것인지 주기적으로 검토하여야 한다.

한편 인력, 프로세스, 기술의 변화는 통제활동의 효과성을 감소시키거나 불필요하게 만들 수 있으며, 이러한 변화가 발생할 때마다 경영진은 기존 통제활동의 적정성을 재평가하고 필요한 경우 개선하여야 할 것이다.

▶ 회사의 통제 테스트 구현 방법

정책, 절차 및 통제활동의 주기적인 재평가는 앞서 설명한 중점 고려사항 57~59에서 설명한 바 있으니, 추가 설명은 생략하도록 하겠다.

▶ 관련 문서

1. 내부회계관리제도 통제 미비점 개선사항 이행표
2. 내부회계관리제도 모니터링 현황표

VI

내부회계관리제도
평가

앞선 챕터에서 내부회계관리제도를 '구현'하는 방법에 대해서 기술하였다. 본 챕터에서는 구현된 내부회계관리제도를 '평가'하는 방법에 대해서 서술하도록 한다.

먼저, 내부회계관리제도 평가는 전사수준 단위, 업무수준 단위 모두 진행되어야 하며, 평가는 '설계의 효과성 평가'와 '운영의 효과성 평가'로 구분된다. 내부회계관리제도 기본개념에서 기술한 바와 같이 설계의 효과성 평가 및 운영의 효과성 평가의 개념은 아래와 같다.

III. 내부회계관리제도 기본 개념(1) 中

회사의 매출, 구매, 인사 등등의 활동 중 유의적인 프로세스에는 위험이 있을 것이고, 위험이 있으면 통제절차가 구축되어야 하는 것이며, 유의적인 프로세스에 대해서 설계가 잘 되어 있는지(=설계의 효과성 평가), 회계기간 중 실질적으로 운영이 되고 있는지(=운영의 효과성 평가)에 대해 매 회계연도 검토가 필요하다.

상기 개념에 더불어, '핵심통제^{Key-Control}'에 대한 개념을 인지하여야 한다. 내부회계관리제도는 위험기반 접근법을 기본으로 하고 있으며, 비용-효익 측면에서 설계의 효과성 평가 및 운영의 효과성 평가 모두 핵심통제에 대해서만 수행하게 된다. 따라서 평가에 앞서 핵심통제에 대해 알아보도록 하자.

내부회계관리제도에서 기술하고 있는 핵심통제의 정의는 아래와 같다.

핵심통제의 정의

위험평가 절차에 기반하여 선정된 유의한 계정과목에 대해 경영자 주장별로 다양한 통제활동이 존재하는 것이 일반적이며, 회사는 이러한 모든 통제활동의 설계와 운영의 효과성을 평가하기보다는 핵심통제를 평가 대상으로 선정하는 것이 위험기반 평가방식에 부합하는 평가 방법이다.

핵심통제는 특정 계정과목에 대해 경영자 주장별로 발생 가능한 위험에 대응하는 통제활동 중 없어서는 안 될 통제활동을 의미한다. 예를 들어, 매출에 대한 판매단가의 적용이 잘못되는 경우를 방지하기 위해 다양한 통제활동이 존재할 수 있다.

판매단가 적용 시, 시스템에서 제시된 단가 이외에는 선택할 수 없는 입력 통제활동이나 판매주문서 승인 시 판매금액을 검토하는 통제활동, 전표 기표 시 관련된 계약서와 거래 증빙 등을 확인하여 판매금액을 검토하는 통제활동 등이 사용될 수 있다.

회사의 특정 매출유형에 예외 없이 적용되는 판매단가에 대한 입력 통제활동은 핵심

통제활동으로 선정될 수 있을 것이다. 또한, 다른 매출유형은 매출확정 시 조정이 발생하는 경우가 존재하여 조정과 관련한 통제활동이 핵심 통제활동으로 선정될 수 있을 것이다.

이러한 핵심통제는 일반적으로 계정과목별 경영자 주장을 고려하여 선정되는 것이 필요하며, 다음과 같은 특성을 지니고 있는 통제가 핵심통제로 결정될 수 있을 것이다.

1. 재무제표 왜곡표시 위험을 줄이는데 가장 직접적인 영향을 미치는 통제활동으로, 어떤 다른 통제보다도 회사가 해당 계정과목의 왜곡표시 위험을 방지하는 데 가장 우선적으로 고려하는 통제활동이다. 재고자산의 실재성과 관련한 경영진 주장을 만족시키기 위한 재고자산에 대한 강력한 물리적 보안통제나 정기적인 실사를 예로 들 수 있다.

2. 하나 또는 그 이상의 유의한 계정과목, 거래유형과 공시사항의 왜곡표시 감소를 위한 통제활동으로, 이러한 통제를 핵심통제로 선정하는 이유는 중요한 재무보고에 대한 주장과 관련된 통제에 대하여 테스트를 집중하여 평가를 효율적으로 수행하기 위함이다.

3. 회사는 철저한 위험관리를 위해 중복적으로 통제활동을 설계하기도 하고, 단계적으로 통제활동을 설계하기도 한다. 그러므로 보완적이고 중복적으로 설계된 통제활동은 핵심 통제활동으로 선정하지 않는 것이 일반적이다. 그러나 단계적 통제활동으로 수행되는 통제활동의 정교함이 다르거나 통제가 실패할 위험을 고려하여 의도적으로 핵심 통제활동에 포함할 수도 있다.

상기 핵심통제의 정의를 요약하자면, 핵심통제란 '재무제표의 왜곡표시를 가장 효과적으로 줄일 수 있는 통제활동'이라고 정의할 수 있다.

달리 말하면, 우리가 앞서 구현한 전사수준 단위, 업무수준 단위의 통제활동 중에서 위험을 방지하는 데 가장 우선적으로 고려되어야 할 통제활동이라고 할 수 있다.

다만, 위와 같은 가이드라인만 제시한 내부회계관리제도 특성상 실무적으로 핵심통제를 선정하기 어려울 수 있으며, 실무적으로 발생하는 문제는 아래와 같다.

1. 동일한 회사의 상황 및 내부회계관리제도를 구현한 회사 A, B가 있지만, 회사 A, B의 핵심통제는 다를 수 있을 것이다(회사 A, B 각각의 관점에 따라 왜곡표시를 가장 효과적으로 줄일 수 있는 통제활동을 다르게 볼 수 있기 때문에).

2. 회사 A의 핵심통제는 10개, 회사 B의 핵심통제는 20개를 설정하였으나, 10개 및 20개 모두 핵심통제가 적절하게 설정된 것인지 의구심이 있을 수 있다(내부회계관리제도 가이드라인상 명확하게 핵심통제의 개수를 언급하고 있지 않기 때문에).

따라서 대부분의 회사는 핵심통제를 설정하기 전에 감사인과 핵심통제의 설정기준에 대해 논의하고 있으니 참고하기 바란다.

VI-1. 설계의 효과성 평가 & 운영의 효과성 평가

1. 설계의 효과성 평가

회사는 내부통제제도 설계의 효과성을 평가하기 위하여 '추적조사', '관찰', '문서검사', '재수행'과 같은 방법을 사용할 수 있으며, 평가자는 한 가지 방법을 단독으로 적용하거나 여러 방법을 조합하여 적용함으로써 내부회계관리제도 설계의 효과성에 대한 합리적인 확신을 얻을 수 있다.

이 중에서 '추적조사Walkthrough'는 통제활동 설계의 효과성 평가에 있어서 매우 효과적인 방법일 것이다. 추적조사는 거래유형별로 1~2개의 거래를 표본으로 추출하여 거래의 시작에서 재무제표에 반영되는 종료 시점까지 계약서, 증빙서류 및 회계장부 등의 거래 증적에 따라 거래흐름을 추적하는 것이다.

달리 말하면, 거래흐름을 추적하여 거래흐름 과정에 존재하고 있는 위험을 파악하고, 위험을 감소시킬 수 있는 통제활동의 설계가 적절한지를 파악하는 것이다.

2. 운영의 효과성 평가

설계의 효과성을 평가한 이후 설계된 내부통제제도가 회계기간 중 실질적으로 운영이 되고 있는지에 대한 운영의 효과성 평가가 필요하다.

내부회계관리제도 운영의 효과성을 평가하기 위하여 '질문', '관찰', '문서검사', '재수행'과 같은 방법을 사용할 수 있으며, 평가자는 이러한 방법을 단독으로 적용하거나 여러 방법을 조합하여 적용함으로써 내부회계관리제도 운영의 효과성에 대해 합리적인 확신을 얻을 수 있다. 또한, 하나의 방법만을 사용하는 것보다 2가지 이상의 테스트를 결합하는 것이 더 큰 확신을 부여하게 될 것이다.

'질문' 그 자체로는 통제운영의 효과성에 대한 충분한 증거를 제공하지 않는다.

'관찰'은 통제활동이 수행되는 절차를 관찰하여 관련된 위험이 감소하는지 여부를 확인하는 절차로 질문보다 더 높은 수준의 확신을 제공한다.

'문서검사'는 통제활동의 결과가 문서화되는 경우, 해당 문서 검토를 수행하는 절차를 의미하고, '재수행'이란 통제 평가자가 통제활동을 동일한 상황에 가정하고 다시 반복하여 수행해 봄으로써 통제활동이 효과적으로 수행되었는지 평가하는 것으로, 질문, 관찰 등의 방법보다 높은 수준의 확신을 제공하여 주는 평가방법이다.

설계의 효과성 평가와 마찬가지로 재수행은 운영의 효과성 평가에 있어서 매우 효과적인 방법일 것이며, 상기에 서술한 내용을 도식화하면 아래와 같다.

테스트 종류별 확신의 수준

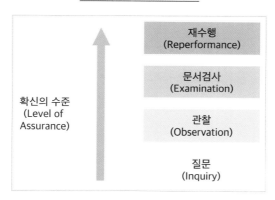

VI-2. 효과성 평가 시 발견된 예외사항(미비점)

설계의 효과성 평가 및 운영의 효과성 평가 결과 '예외사항(미비점)'이 발견될 수 있다.

설계상 미비점 : 내부회계관리제도의 목적을 달성하기 위하여 필요한 통제가 존재하지 않거나, 수립된 통제가 적절하게 설계되지 않아 설계된 대로 운영되더라도 통제목적이 충족되지 못하는 경우에 발생할 것이다.

운영상 미비점 : 적절하게 설계된 내부회계관리제도가 설계된 대로 운영되지 못하거나, 통제업무 수행자가 통제를 효과적으로 수행하기 위한 자격요건이나 권한을 갖추고 있지 않아 통제의 목적이 충족되지 못하는 경우에 발생할 것이다.

위와 같이 발견된 미비점은 담당자들의 착오 등 단순 오류일 가능성이 있기 때문에, 단순 오류인지, 설계상 또는 운영상의 미비점인이 확인하는 절차는 아래와 같다.

효과성 평가에서 발견된 예외사항에 대한 평가흐름도

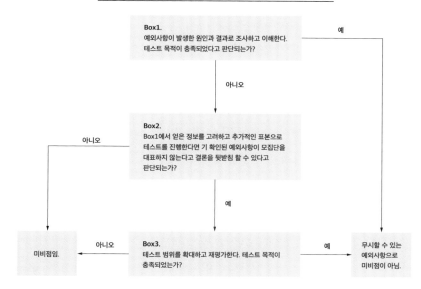

상기 평가흐름도를 통해 미비점을 식별하고, 미비점은 재무제표 왜곡 표시의 '발생 가능성' 및 '금액적 중요도'에 따라 '단순한 미비점', '유의한 미비점', '중요한 취약점'으로 구분하며, 중요한 취약점이 발견된 경우에는 경영진은 회사의 내부회계관리제도가 효과적이라고 결론을 내릴 수 없다.

미비점을 분류하기 위해서는 해당 미비점의 1) 발생 가능성likelihood, 2) 금액적 크기magnitude, 3) 보완통제compensating controls 등의 존재 여부, 4) 회계와 내부회계관리제도에 충분한 전문지식을 갖춘 객관적인 관리자prudent officials 관점, 5) 재무보고 감독기구의 판단 등을 고려하여야 한다.

1. 발생 가능성

발생 가능성이란 재무제표 왜곡표시가 방지되거나 발견되지 못하는 경우가 발생할 잠재적 가능성을 말하며, 재무제표의 왜곡표시가 실제로 발생하였는가 여부를 고려하는 것은 아니다.

해당 미비점의 발생 가능성이 낮지 않다면reasonable possibility 유의한 미비점이나 중요한 취약점으로 분류할 수 있다.

2. 금액적 크기

금액적 크기란 발생할 수 있는 잠재적 재무제표 왜곡표시의 크기magnitude of the potential misstatement를 말하며, 실제로 발생한 재무제표의 왜곡표시 금액이 아닌 발생 가능한 왜곡표시의 예상치이다.

미비점으로 인한 잠재적 재무제표 왜곡표시의 크기가 중요한 수준 미만이라고 확신할 수 있다면 중요한 취약점으로 구분하지는 않는다.

3. 보완통제

보완통제란 본래의 통제에서 미비점이 발견되었다 하더라도 그 미비점에서 발생될 수 있는 유의한 재무제표 왜곡표시 위험을 경감시켜 줄 수 있는 통제이다.

달리 말하면, 효과적인 보완통제의 존재가 미비점의 재무제표 왜곡표시 위험을 경감시켜주기 때문에, 발견된 미비점이 유의한 미비점 또는 중요한 취약점인지를 결정할 때 보완통제를 고려하는 것이다.

4. 객관적인 관리자의 관점

경영진은 미비점의 중요도를 판단할 경우 정보이용자의 입장을 고려한 회계와 내부회계관리제도에 충분한 전문지식을 갖춘 객관적인 관리자의 기준에서 판단하여야 한다.

달리 말하면, 규정에 따라 업무처리를 수행하는 관리자가 그들의 업무수행 과정에서 발생하는 거래가 회계기준에 따라 적정하게 재무제표에 기록되고 있다고 합리적 확신reasonable assurance을 가질 수 있어야 한다.

만일 발견된 문제점에 대해 회계와 내부회계관리제도에 충분한 전문지식을 갖춘 객관적인 관리자가 합리적 확신을 가지지 못한다면 해당 미비점은 유의한 미비점 또는 중요한 취약점으로 분류되어야 한다.

5. 재무보고 감독기구의 판단

경영진은 미비점의 중요도를 판단할 때 내부회계관리제도의 재무보고를 감독할 책임이 있는 이사회, 감사(위원회) 등의 시각도 함께 고려하여야 한다.

달리 말하면, 중요한 취약점으로 분류될 수준은 아니지만 이러한 감독기구가 주목할 만큼 중요하다면 해당 미비점은 유의한 미비점으로 분류되어야 한다.

상기에 기술한 내용을 도식화하면 아래와 같을 것이다.

내부회계관리제도의 미비점 평가흐름도

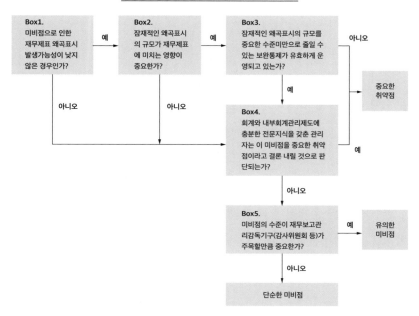

(VII)

내부회계관리제도
보고

앞선 챕터 'Ⅱ. 대표이사, 내부회계관리자 등의 보고체계'에서 아래와 같은 내용을 기술한 바 있다.

Ⅱ. 대표이사, 내부회계관리자 등의 보고체계 中

외감법 제8조 및 동법 시행령 제9조는 내부회계관리제도와 관련하여 보고체계 및 책임을 기술하고 있으며 아래와 같이 요약할 수 있을 것이다.

1. 회사의 대표이사는 내부회계관리제도의 관리 및 운영책임을 지며, 전문지식을 보유한 상근이사 1명을 내부회계관리자로 지정하여야 한다.

▶ 상기 규정으로 인해 내부회계관리제도 규정 및 내부회계관리자 1명이 필요한 것임을 알 수 있다.

2. 회사의 대표이사는 매 사업연도마다 주주총회, 이사회 및 감사(위원회)에 내부회계관리제도 운영실태를 보고해야 한다.

▶ 상기 규정으로 인해 내부회계관리제도 운영실태보고서 & 내부회계관리제도 운

영실태보고 의사록이 필요한 것임을 알 수 있다.

3. 회사의 감사(위원회)는 내부회계관리제도 운영실태를 평가하여 이사회에 매 사 업연도마다 보고해야 한다.

▶ 상기 규정으로 인해 내부회계관리제도 운영평가보고서 & 내부회계관리제도 운 영평가보고 의사록이 필요한 것임을 알 수 있다.

4. 주권상장법인 감사인은 내부회계관리제도 및 내부회계관리제도 운영실태에 관 한 보고내용을 감사해야 한다.

▶ 상기 규정으로 인해 주권상장법인은 내부회계관리제도를 감사받아야 함을 알 수 있다.

본 챕터는 상기 표의 2, 3, 4에 해당하는 보고체계에 대해 기술하도록 하겠다.

평가주체에 따른 평가방법 및 평가결론 요약표

평가결과 \ 평가주체	대표이사 (중요한 취약점의 존재 여부를 판단)	감사위원회 (중요한 취약점의 존재 여부를 판단)	감사인 (종합적인 판단)
단순한 미비점	내부회계관리제도는 중요성의 관점에서 효과적으로 운영되고 있음		1. 대표이사 및 감사(위원회)의 경우 내부회계관리제도가 효과적인지, 비효과적인지 판단하는 반면에, 감사인은 내부회계관리제도에 대해 적정, 부적정, 의견 거절 의견을 표명할 수 있음.
유의한 미비점			
중요한 취약점	내부회계관리제도는 중요성의 관점에서 효과적으로 운영되고 있지 않음		2. 감사인은 독립적으로 내부회계관리제도를 이해하고 재수행함으로써 발견한 미비점에 추가하여, 재무제표 감사 과정에서 발견된 오류사항들을 종합적으로 판단하여 내부회계관리제도에 대한 의견을 표명하게 됨.

1. 회사의 대표이사

회사의 대표이사는 내부회계관리제도가 효과적인지 비효과적인지에 대한 결론을 명확한 문구를 사용하여 표명하여야 한다.

즉, 중요한 취약점이 없는 경우 "중요성의 관점에서 효과적으로 설계되어 운영되고 있다고 판단됩니다."

중요한 취약점이 있는 경우 "중요성의 관점에서 효과적으로 설계되어 운영되고 있지 않다고 판단됩니다."의 문구를 내부회계관리제도 운영실태보고서에 사용하여야 한다.

또한, 내부회계관리자의 운영실태보고서에는 "특정 부분을 제외하고는 효과적이다."라는 식의 한정적 표현이나 "효과적이지 않다는 것을 나타내는 특별한 사항을 인지하지 못하였다."라는 식의 소극적 확신negative assurance을 통한 결론표명을 할 수 없음에 유의하기 바란다.

더불어 회사의 대표이사는 내부회계관리제도의 효과성 평가 절차를 통해 발견된 미비점들에 대해 중요도를 구분하여 평가결론의 근거로 활용하며, 평가기준일 현재 존재하는 미비점은 1) 단순한 미비점, 2) 유의한 미비점, 3) 중요한 취약점으로 구분하여야 한다.

평가기준일의 내부회계관리제도에 대한 효과성 평가의 결과로 하나 이상의 중요한 취약점이 발견된 경우에는 회사의 내부회계관리제도가 효과적이라고 결론을 내릴 수 없을 것이다.

2. 회사의 감사(위원회)

감사(위원회)의 평가보고서는 회사의 대표이사와 동일하게 내부회계관리제도가 효과적인지 비효과적인지에 대한 결론을 명확한 문구를 사용하여 표명하여야 하며, 감사(위원회)는 회사의 내부회계관리제도의 효과성에 대해 감사(위원회) 스스로 합리적인 수준의 확신을 가지고 효과성 평가에 대한 결론을 내려야 할 것이다.

감사(위원회)는 내부회계관리제도의 효과성 평가 절차를 통해 발견된 미비점들에 대해 중요도를 구분하여 평가 결론의 근거로 활용하며, 평가기준일 현재 존재하는 미비점은 1) 단순한 미비점, 2) 유의한 미비점, 3) 중요한 취약점으로 구분하여야 한다.

평가기준일의 내부회계관리제도에 대한 효과성 평가의 결과로, 하나 이상의 중요한 취약점이 발견된 경우에는 회사의 내부회계관리제도가 효과적이라고 결론을 내릴 수 없을 것이다.

독자들은 상기에서 설명한 회사의 대표이사 및 감사(위원회)의 차이점에 대해 궁금증이 들 것이다. 다만, 우리는 내부회계관리제도의 설계 및 운영할 책임은 대표이사에게, 감독책임은 이사회 또는 감사(위원회)에게 있음을 인지하고 있다. 더불어, 대표이사는 매 사업연도마다 주주총회, 이사회 및 감사(위원회)에 내부회계관리제도 운영실태를 보고해야 한다는 것을 인지하고 있다.

즉, '대표이사'는 내부회계관리제도에 미비점 및 취약점이 존재할 경우 '미비점 및 취약점의 내용 및 개선방안'을 주주총회, 이사회 및 감사 (위원회)에 보고할 의무가 있는 것이다.

더불어 감독, 책임기관인 '이사회 또는 감사(위원회)'의 경우 내부회계 관리제도에 미비점 및 취약점이 존재할 경우, '미비점 및 취약점의 내용 및 권고방안'에 대한 기술이 필요한 것이다.

3. 독립적인 감사인

감사인은 다음을 포함하여 모든 원천에서 입수한 증거를 평가함으로써 내부회계관리제도의 효과성에 대한 의견을 형성하게 된다.

감사인의 의견형성에 영향을 주는 원천정보

1. 내부회계관리제도 감사를 위한 감사인의 통제테스트
2. 재무제표에 대한 의견표명과 관련된 목적을 달성하기 위해 수행한 추가적인 통제 테스트
3. 내부회계관리제도 감사과정에서 식별된 미비점들
4. 재무제표감사 과정에서 발견된 왜곡표시

독자들은 상기 '4. 재무제표감사 과정에서 발견된 왜곡표시'에 대해

궁금증이 있을 수 있다.

감사인은 내부회계관리제도 감사를 위한 통제테스트에서 발견된 사항을 평가하는 것에 추가하여, 재무제표 감사에서 수행한 실증절차의 발견사항이 내부회계관리제도의 효과성에 미치는 영향을 평가하여야 하며, 이 평가는 최소한 다음의 사항을 포함하여야 한다.

내부회계관리제도 효과성에 영향을 미치는 실증절차의 발견사항

1. 부정과 관련한 실증절차의 선택 및 적용과 관련된 위험평가
2. 법규 미준수와 관련된 발견사항
3. 특수관계자 거래와 복잡하고 비경상적인 거래와 관련된 발견사항
4. 회계추정을 하고 회계원칙을 선택하는 데 있어서 회계추정치를 도출하고 회계원칙을 선택할 때 경영진 편의의 징후
5. 실증절차에 의해 발견된 왜곡표시의 성격과 범위

즉, 실증절차의 발견사항은 내부회계관리제도 효과성에 영향을 미치기 때문에, 감사인은 독립적으로 내부회계관리제도를 이해하고 재수행함으로써 발견된 미비점에 더불어 실증절차에서의 오류사항을 종합적으로 판단하여 의견을 표명하여야 하는 것이다.

연결
내부회계관리제도

2021년 하반기 중 연결 단위에서의 내부회계관리제도 모범규준이 배포될 예정이다. 다만, 앞서 설명한 별도단위에서의 내부회계관리제도와 연결단위에서의 내부회계관리제도는 크게 다른 것이 없을 것으로 보이며, 구축 방법은 아래의 2가지 방법으로 가능할 것이다.

연결에서의 내부회계관리제도 구축방법

1. 모회사에서 자회사 등을 포괄하여 연결 내부회계관리제도 구축
2. 모회사 및 자회사 각각 내부회계관리제도를 구축하고, 이를 합산하여 연결 내부회계관리제도 구축

상기 2가지 구축방법 모두 앞서 설명한 별도 단위에서의 내부회계관리제도 구축방법과 크게 다르지 않을 것이다. 다만, 연결재무제표의 특성상 아래에 기술하는 통제활동은 추가로 설계 및 운영되어야 할 것이다.

1. 내부회계관리제도 구축범위 결정

내부회계관리제도 감사는 상장사를 대상으로 시행되었다. 따라서 모회사 및 자회사, 손자회사의 상장, 비상장 여부에 따라서 내부회계관리제도 구축범위가 결정되어야 하며, 구축범위를 결정하는 통제활동이 구축되어야 할 것이다.

2. 연결조정항목에 대한 통제활동 구축

연결재무제표는 각 회사의 재무제표를 단순 합산 후 투자자본 및 내부거래 제거를 통해 완성된다. 따라서 투자자본 및 내부거래 제거의 오류사항 식별 및 완전성을 반영하는 통제활동이 구축되어야 할 것이다.

3. 동일지배거래 등 연결재무제표 하에서의 거래 검토

연결 재무제표의 특성상 별도 재무제표에서는 나타나지 않는 동일지배거래 등의 회계이슈가 발생할 수 있으며, 당기부터 연결범위에 편입되는 회사, 연결범위에서 제외되는 회사 등의 빈번하지 않은 거래가 발생할 수 있다. 따라서 연결단위에서의 내부회계관리제도는 이를 식별하고 완전성을 확보할 수 있는 통제활동이 구축되어야 할 것이다.

4. 기타사항

국외에 있는 자회사의 경우 재무제표 환산 및 회계정책의 일치 등이 필요할 수 있으며, 연결단위에서의 내부회계관리제도는 회계정책 등을 모회사와 일치시키는 통제활동이 구축되어야 할 것이다.

본서의 독자들은 별도에서의 내부회계관리제도 구축 및 상기에 나열한 연결재무제표의 특성을 이해한다면 연결에서의 내부회계관리제도 구축 또한 큰 어려움이 없을 것으로 판단된다.